小学校 楽しい英語授業をつくるシリーズ

先生のための
授業で1番大切な英語発音

英語を教えるなら
必ずマスターしたい
発音10

山崎 祐一
Yamasaki Yuichi

Jリサーチ出版

❖ はじめに

この1冊で小学校英語に必要な発音が学べる！

　先生方の中には英語の発音に苦手意識がある方がおられるのではないでしょうか。小学校で英語を教えるときに先生方が不安に感じることについてアンケートをとると、ご自身の英語力、特に、発音に関する不安が多く述べられています。発音はコミュニケーションにおいていちばん重要な要素ではないかもしれません。訛っていても自分の言っていることがだいたい通じる、相手の言っていることがだいたいわかる、ということがいちばん大切です。しかし、ちょっとした発音の違いで、意味が伝わらなかったり、コミュニケーションに誤解が生じたりするという点では、発音を無視することはできません。少し乱暴な言い方ですが、通じない発音は喋っている意味があまりありません。ですから、発音はどうでもいいということではないのです。発音ができれば英語は絶対楽しくなります！　本書は、英語の発音が苦手な先生方の不安を一気に解消し、子どもたちの前でも自信を持って英語の授業に臨める発音力を身につけるための1冊です。

学習指導要領の内容に沿って体系的に学べる！

　正しい英語の発音を身につけようと頑張っても、間違った方法で学ぶと、毎日いろんなことでお忙しい先生方にとっては時間がとてももったいないです。本書を使って、小学校英語教育（外国語活動）に必要な発音についてシステマチックに学んでほしいと思います。

　学習指導要領には、「知識及び技能」の中で音声のことが最初に大きく取り上げられています。その中でも、（ア）現代の標準的な発音、（イ）語と語の連結による音の変化、（ウ）語や句、文における基本的な強勢、（エ）文における基本的なイントネーション、（オ）文における基本的な区切り、が強調されています。本書は、この学習指導要領の趣旨に則り、小学校で英語を教えるに足る発音について、先生方が

無理なく、少しずつ学んで、授業の実践に役立たせることができるような内容になっています。

標準的な発音を無理なく身につけることができる！

　標準的な発音に関しては、発音記号で整理しています。子どもたちに発音記号を教えるわけではありませんが、先生方が発音記号をご存じであれば、ご自身の発音力の向上にとても役立ちます。発音記号は日本語の「ふりがな」のようなものです。例えば、小学校低学年の児童が、「情報」という漢字を読めなかったとしても、「じょうほう」とふりがなをふってあげれば、「情報」の意味がわからなくても、それを発音することはできます。information の意味がわからなくても発音記号の [ìnfərméiʃən] がわかれば正しく発音することができるのです。

CDを聞いて正しい発音に慣れましょう

　まず、本物のナマの発音を聞くことが大切です。本書と付属のCDを使い、数回くり返して聞きながら発音練習をしてみてください。音読は英語発音の上達には不可欠です。できるだけ聞こえたまま真似をしていけば、「今まで難しいと思っていた発音ができるようになった！」と、確実に発音の上達が実感できるはずです。英語の授業に自信が持てるようになり、また先生方ご自身の英会話力アップにも役立つことは間違いありません。

　本書は、授業を英語で進めることが求められている中学校・高校の英語の先生方にも利用していただける内容になっています。無理なく、少しずつ練習して、英語の発音に自信をつけていただき、先生方ご自身が英語を楽しむことができるようになれば、これほど嬉しいことはありません。

山崎 祐一

先生のための授業で1番大切な英語発音

CONTENTS

はじめに ……………………………………………………… 2
だれでもキレイな発音ができる5つのヒント …………… 8
本書の使い方 ……………………………………………… 10
AI音声認識アプリ「ノウン」を活用しよう ………………… 14
音声について ……………………………………………… 16

第1章
英語の発音これだけは！ 最重要発音10 … 17

UNIT 1 母音① /æ/ ……… 18
UNIT 2 母音② /əːr/ ……… 20
UNIT 3 子音①-1 /l/ …… 22
UNIT 4 子音①-2 /l/ …… 24
UNIT 5 子音② /r/ ……… 26
UNIT 6 子音③ /f/ ……… 28

UNIT 7 子音④ /v/ ……… 30
UNIT 8 子音⑤ /θ/ ……… 32
UNIT 9 子音⑥ /ð/ ……… 34
UNIT 10 子音⑦ /si//siː/ … 36
UNIT 11 子音⑧ /zi//ziː/ … 38

第2章
これだけで大丈夫！ 母音編 ………………… 45

UNIT 12 母音③ /ɑ/ ……… 46
UNIT 13 母音④ /ɑːr/ …… 48
UNIT 14 母音⑤ /ʌ/ ……… 50
UNIT 15 母音⑥ /ə/ ……… 52
UNIT 16 母音⑦ /ər/ …… 54
UNIT 17 母音⑧ /i/ ……… 56

UNIT 18 母音⑨ /iː/ ……… 58
UNIT 19 母音⑩ /u/ ……… 60
UNIT 20 母音⑪ /uː/ ……… 62
UNIT 21 母音⑫ /e/ ……… 64
UNIT 22 母音⑬ /ɔː/ ……… 66
UNIT 23 母音⑭ /ɔːr/ …… 68

第3章
これだけで大丈夫！ 二重母音編 75

UNIT 24 二重母音① /ai/ 76

UNIT 25 二重母音② /ei/ 78

UNIT 26 二重母音③ /ɔi/ 80

UNIT 27 二重母音④ /au/ 82

UNIT 28 二重母音⑤ /ou/ 84

第4章
これだけで大丈夫！ 子音編 89

UNIT 29 子音⑨ /p/ 90

UNIT 30 子音⑩ /b/ 92

UNIT 31 子音⑪ /t/ 94

UNIT 32 子音⑫ /d/ 96

UNIT 33 子音⑬ /k/ 98

UNIT 34 子音⑭ /g/ 100

UNIT 35 子音⑮ /s/ 102

UNIT 36 子音⑯ /z/ 104

UNIT 37 子音⑰ /tʃ/ 106

UNIT 38 子音⑱ /dʒ/ 108

UNIT 39 子音⑲ /ʃ/ 110

UNIT 40 子音⑳ /ʒ/ 112

UNIT 41 子音㉑ /ts/ 114

UNIT 42 子音㉒ /ds/ 116

UNIT 43 子音㉓ /m/ 118

UNIT 44 子音㉔ /n/ 120

UNIT 45 子音㉕ /ŋ/ 122

UNIT 46 子音㉖ /h/ 124

UNIT 47 子音㉗ /w/ 126

UNIT 48 子音㉘ /kw/ ... 128

UNIT 49 子音㉙ /j/ 130

UNIT 50 子音㉚ /tr/ 132

UNIT 51 子音㉛ /dr/ 134

UNIT 52 子音㉜ /t/音の変化 ... 136

第5章
発音注意！ ミニマルペア······················147

UNIT 53 母音 /ʌ/と/æ/ ··· 148   **UNIT 57** 子音 /l/と/r/ ···152

UNIT 54 母音 /ɑːr/と/əːr/ ··· 149   **UNIT 58** 子音 /s/と/θ/ ···153

UNIT 55 母音 /ou/と/ɔː/ ··· 150   **UNIT 59** 子音 /b/と/v/ ···154

UNIT 56 母音 /i/と/iː/ ··· 151   **UNIT 60** 子音 /ʃ/と/s/ ···155

第6章
発音注意！ 外来語、カタカナ語 ············157

UNIT 61 語尾の l は軽く [ォ] のように ·····················158

UNIT 62 日本語と発音がかなり違う！ ·····················159

UNIT 63 [ツ] ではなく [トゥ] ·····························160

UNIT 64 [チ] ではなく [ティ] ·····························161

UNIT 65 v は上の歯を下唇に摩擦させ [ヴ] ···················162

UNIT 66 [オ] ではなくて [オゥ] ···························163

UNIT 67 唇を丸めて r の音 ·······························164

UNIT 68 [ア] と [エ] の間の /æ/ の音① ···················165

UNIT 69 [ア] と [エ] の間の /æ/ の音② ···················166

UNIT 70 /ei/ という二重母音 ···························167

UNIT 71 口をあまり開けずに /əːr/ ·······················168

UNIT 72 伸ばさずに短く ·······························169

6

UNIT 73 [オ] と思っていたのに [ア] (/ʌ/) だった ·············· 170

UNIT 74 アクセント (強勢) に注意！ ··························· 171

第7章
発音注意！ つながる音、消える音 ······· 173

UNIT 75 つながる音① 〈n 音で終わり母音につながる〉 ··········· 174

UNIT 76 つながる音② 〈k 音で終わり母音につながる〉 ··········· 175

UNIT 77 つながる音③ 〈d 音で終わり母音につながる〉 ··········· 176

UNIT 78 つながる音④ 〈チュやヂュに変化する〉 ················· 177

UNIT 79 つながる音⑤ 〈t 音がラ行の音に変化する〉 ············· 178

UNIT 80 消える音① 〈t 音で終わり次の語が t 音で始まる〉 ······· 179

UNIT 81 消える音② 〈k 音で終わり次の語が k 音で始まる〉 ······ 180

UNIT 82 消える音③ 〈s 音で終わり次の語が s 音で始まる〉 ······ 181

UNIT 83 消える音④ 〈t 音で終わり次の語が子音で始まる〉 ······· 182

UNIT 84 消える音⑤ 〈d 音で終わり次の語が子音で始まる〉 ······· 183

第8章
発音注意！ 強勢、イントネーション ···· 185

UNIT 85 強勢 ··· 186

UNIT 86 イントネーション ······························· 193

カタカナ表記について ······························· 197

7

だれでもキレイな発音ができる 5つのヒント

真似ることが発音上手になる第1歩

　子どもの母語の習得は、親や周りの人たちが話しているのを聞いて、それをそのまま真似することから始まります。方言が子孫に受け継がれていくのも、声に出して真似をしていることが基本です。発音も同様で、真似をすることで音声の基本も知らないうちに身についていくのです。

　発音を身につける過程で、「音読」はいちばん大切なことです。正しい英語の発音ができるようになるために、本書の解説をよく読み、付属のCDを聞きながら、何度も真似をしてくり返して発音してみましょう。

口をパクパク動かしましょう

　「教室だから、元気よく大きい声で口をパクパク動かしましょう！」というわけではありません。口をパクパクさせるのが、英語の言語的特徴なのです。英語は日本語よりも音がとても多いので、口をパクパクさせておかないと、ちょっとした音の違いを表すことができないのです。例えば、color（色）も collar（襟）も、日本語では「カラープリンター」や「学生服のカラー」のように「カラー」と表記しますが、英語では color の o は口を中くらいに開く［ア］の音で、collar（襟）の o は口を大きく開く［ア］の音です。英語はちょっとした口の開きの違いで意味が変わってしまうことがあるのです。

英語の口の動きに慣れましょう

　日本語と英語では、そもそも口の動きが異なります。英語には、例えば、/l/ や /r/ など、日本語にはない音があります。light（光）と right（右）のように、日本人にはよく似た音に聞こえるかもしれませんが、日本語のラ行の音とは異なり、また意味も異なるから厄介です。

また、日本語は、「kotoba（ことば）」のように、基本的には子音と母音の連なりです。一方、英語は、street の str や blue の bl など、子音がつながる場合 (consonant cluster) がよくあります。日本人は、例えば、street を [sutoriito] のように子音の後ろに母音を入れて発音しがちです。str は母音を入れずに一気に発音しましょう。
　同じ語句や文で何度も発音練習をして、英語の口や舌の動き、そして口調に慣れていくことがキレイで自然な発音の習得への近道です。

音の「波」を大切にしましょう

　発音は母音や子音など、ひとつひとつの音も大切ですが、音の連結や脱落、強勢やイントネーションを正しく発音できることもとても重要です。例えば、an orange は［アン オレンジ］と2語に分けて発音せず、an の n と orange の o をつないで［アンノリンヂ］のように発音しましょう。日本語で「反（ハン）」と「応（オウ）」をつないで［ハンノウ］と発音するのと同じです。
　強勢をどこに置くかで意味が変わってくることもあります。seventeen (17) は後ろの teen に強勢を置きますが、seventy（70）は前の se を強く発音します。また、Excuse me. を下げ調子で言うと「すみません」と謝罪になりますが、上げ調子で言うと「もう1度言ってください」と繰り返しの依頼になります。文を上げ調子にするか下げ調子にするかというイントネーションの違いで、目的や場面、状況に応じた自然で心地よい英語に聞こえるかどうかが決まるのです。

異質な音を認め、「音のレパートリー」を増やしましょう

　正しい英語の発音ができるようになるためには、口や舌の動きを柔軟にしておかなければなりません。それと同時に、日本語と英語の音の違いを認める脳の柔軟さも不可欠です。例えば、「英語の発音は面倒だ」とか「人前では恥ずかしい」とか「Thank you. の th の発音は難しいので s に置き換えて［サンキュー］でいい」などと脳が判断してしまうと、いくら口元が柔軟でも、決して正しい発音には到達しません。
　結局、発音も異文化コミュニケーションと同様、「異なるものを知り、それを認める力」が大前提なのです。日本語の音以外の音を言葉の音として柔軟に認め、自分の「音のレパートリー」に少しずつ加え、音の世界を広げていきましょう。

本書の使い方

第1章： 日本人が最も苦手な英語の発音10個（母音2、子音8）です。英語を苦手に思っている人は、まずはこの10個をマスターすることを目標にしましょう。

数字はトラック番号を表します。

UNIT 1
母音① /æ/　animal [ǽnəməl]　CD 01

❶まずはイラストを参考に声に出してみましょう。

【発音してみましょう】
/æ/ は、発音記号が示す通り、［ア］(a) と ［エ］(e) を混ぜ合わせたような音です。
猫が「ミャー」と鳴くまねをする感じです。

❷詳しい解説です。

【正しい発音のためのアドバイス】
例えば、bug（虫）は口を中くらいに開く［ア（日本語のアとほぼ同じ）］、bag（袋）は［ア＋エ］のように発音します。このように、bug（虫）と bag（袋）の発音を比較しながら練習するのも、音の違いを認識する上で非常に効果的です。このように、1 つの音が違うだけで意味が異なる対を「ミニマルペア（minimal pair）」と言います。ただ、子どもたちに提示する場合は、機械的な練習になり過ぎないよう配慮が必要です。

〈ミニマルペア〉
［ア＋エ］　　　　　　　　　口を中くらいに開き［ア］
fan [fǽn]（うちわ）　　　　 fun [fʌ́n]（楽しみ）

18

第2章：発音の基本となる12個の母音です。
第3章：発音の基本となる5個の二重母音です。
第4章：発音の基本となる24個の子音です。

---

❸ **STEP 1 〜 3** の３段階で発音を身につけます。

第5章：1つの音素の違いで、意味が変わるペアの練習です。まぎらわしいので、音声を聞いて何度もくり返し練習しましょう。

第6章：外来語やカタカナ語は、英語では全然違う発音をするものも多いです。音声を何度も聞いて日本語に引っ張られないように練習しましょう。

カタカナは、発音するときの参考にしてください。

第 7 章：音のつながりの練習です。⌣ はつながる音を、△ は消える音を表します。

第 8 章：強勢やイントネーションの練習です。英語の発音では音の強弱や文の抑揚がとても重要な要素になります。授業でよく使う英単語や会話文を集めてありますので、慣れるまで音声のあとに続いて、くり返し練習しましょう。

AI音声認識アプリ「ノウン」を使って 発音トレーニングをしよう‼

正しい発音を身につけるための強い味方登場！　AI音声認識アプリ「ノウン」の英語スピーキング学習機能を使うと、自分の英語が果たして相手に伝わっているかどうかがバッチリわかります!

ノウンって何?

みなさんが独学で発音練習をする際のいちばんのお悩みは、「自分の英語が通じるのか、確かめられない」ということではないでしょうか。そこで登場するのがこの「ノウン」です!

スマホやタブレット、PCなどの端末でこのAI音声認識機能付アプリ「ノウン」を使うと、本書の第1章～第4章の英単語とフレーズ、第5章の英単語、第6章の英単語と例文、第7章の例文、第8章の英単語、フレーズ、英文で、自分が発音した音声が英語としてきちんと通じるかどうか、ジャッジしてもらえるのです!

つまり、出題された問題に対して英語で発話して解答し、ノウンがその発話内容を認識、判定、採点することで、コミュニケーションで重要な「伝わる英語」を目指した、わかりやすい評価の英語学習が可能なのです!

※ノウンはNTTアドバンステクノロジ株式会社の登録商標です。

【推奨環境】 ※ 2019年10月現在

《スマートフォン・タブレット》
- Android 6 以降
- iOS 10 以降

※ご利用の端末の状況により、動作しない場合があります。

《PC》
- Microsoft Windows 7,8,10
  ブラウザ：Google Chrome, Mozilla Firefox, Microsoft Edge
- Mac OS X
  ブラウザ：Safari

どうやって使うの？

スマートフォンやタブレットに、「ノウン」をダウンロードし、本書に付属しているアクティベーションコードを入力➡ユーザー登録すると、英語スピーキング学習をすることができるようになります。

詳しい使い方は、巻末（p199～200）をご参照ください。利用期限は、ご利用登録日から2ヵ月間です。

※期限が過ぎた後も継続利用を希望される場合は、有料で利用が可能です。
※ノウンに関するお問い合わせは、ノウンアプリメニューの「お問い合わせ」から、もしくはノウンのWebページの「お問い合わせ」からお願いします。

15

音声について

【CD の収録内容】

第1章〜第4章：STEP1、STEP2 の英単語、STEP3 のフレーズと日本語訳
第5章：英単語 　　　　　　　　　　**第6章**：見出し語と英語例文
第7章：英語フレーズと英語例文 　　**第8章**：英単語、フレーズ、英語例文

【音声ダウンロードのしかた】

STEP 1 インターネットで
https://audiobook.jp/exchange/jresearch にアクセス！

※Jリサーチ出版のホームページ」(http://www.jresearch.co.jp) にある「音声ダウンロード」のバナーをクリックしていただくか、上記の URL を入力してください。

STEP 2 表示されたページから、audiobook.jp への
会員登録ページへ。

※音声のダウンロードには、オーディオブック配信サービス audiobook.jp への会員登録（無料）が必要です。すでに、audiobook.jp の会員の方は **STEP 3** へお進みください。

STEP 3 登録後、再度 **STEP 1** のページにアクセスし、
シリアルコード「24512」を入力後、「送信」をクリック！

※作品がライブラリに追加されたと案内が出ます。

STEP 4 必要な音声ファイルをダウンロード！

※スマートフォンの場合は、アプリ「audiobook.jp」の案内が出ますので、アプリからご利用ください。
※PCの場合は、「ライブラリ」から音声ファイルをダウンロードしてご利用ください。

〈ご注意〉
- PC からでも、iPhone や Android のスマートフォンやタブレットからでも音声を再生いただけます。
- 音声は何度でもダウンロード・再生いただくことができます。
- ダウンロードについてのお問い合わせ先：**info@febe.jp** (受付時間：平日10〜20時)

第1章

> 英語の発音これだけは!

最重要発音10

日本人が最も苦手な英語の発音10個（母音2、子音8）です。英語を苦手に思っている人は、まずはこの10個をマスターすることを目標にしましょう。

UNIT 1
母音① /æ/

animal
[ǽnəməl]

CD 01

発音してみましょう

/æ/ は、発音記号が示す通り、［ア］(a) と［エ］(e) を混ぜ合わせたような音です。

猫が「ミャー」と鳴くまねをする感じです。

正しい発音のためのアドバイス

例えば、bug（虫）は口を中くらいに開く［ア（日本語のアとほぼ同じ）］、bag（袋）は［ア＋エ］のように発音します。このように、bug（虫）と bag（袋）の発音を比較しながら練習するのも、音の違いを認識する上で非常に効果的です。このように、1つの音が違うだけで意味が異なる対を「ミニマルペア（minimal pair）」と言います。ただ、子どもたちに提示する場合は、機械的な練習になり過ぎないよう配慮が必要です。

〈ミニマルペア〉

［ア＋エ］ 　　　　　　　　　口を中くらいに開き［ア］
fan [fǽn]（うちわ） 　　　　 fun [fʌ́n]（楽しみ）

STEP 1 まずは発音を聞いてみましょう。

[ǽpl] apple   [hǽpi] happy

[ǽnəməl] animal   [bǽg] bag

[ǽnt] ant   [hǽnd] hand

STEP 2 次に音声のあとに続いて発音してみましょう。

apple	**happy**	**fast**
animal	**sad**	**black**
bag	**have**	**hat**

STEP 3 /æ/ の発音に気をつけながら、音声のあとに続いて英文を読んでみましょう。

Stand up.
（立ちなさい。）

Raise your hands.
（手を挙げなさい。）

I'm very happy to see you again.
（あなたにまた会えて、とても嬉しいです。）

Let's play badminton on Saturday.
（土曜日にバドミントンをしよう。）

/æ/ の発音をする その他の単語

bad   man   dance   back   can   family   Japan

19

UNIT 2
母音② /əːr/ bird [bə́ːrd]

発音してみましょう
口を少しだけ開き、犬が［ウー］とうなるまねをする感じです。

正しい発音のためのアドバイス
両唇に人差し指をくわえ、両唇が人差し指から離れないようにして練習しましょう。舌を口の奥のほうに引きながら、［アー］と［ウー］の間くらいで発音しましょう。ir、ur、or、er のつづりが含まれる単語に多く現れます。
（park, hard, star, car など、ar でつづる単語は、口を大きく開ける場合が多いです。）

〈ミニマルペア〉

口を少しだけ開き［（ア＋ウ）ー］　　　口を大きく開き［アー］
stir [stə́ːr]（かき混ぜる）　　　　　　star [stɑ́ːr]（星）

STEP 1 まずは発音を聞いてみましょう。

[bə́ːrd] bird

[tə́ːrn] turn

[sə́ːrkl] circle

[pə́ːrpl] purple

[θə́ːrti] thirty

[wə́ːrd] word

STEP 2 次に音声のあとに続いて発音してみましょう。

bi**rd**　　　　**t**u**rn**　　　　**w**o**rd**

bi**rthday**　　**p**u**rple**　　**w**o**rld**

fi**rst**　　　　**Th**u**rsday**　　**f**i**rew**o**rks**

STEP 3 /əːr/ の発音に気をつけながら、音声のあとに続いて英文を読んでみましょう。

I like pu**rple flowers.**
（紫の花が好きです。）

We enjoyed firewo**rks.**
（花火を楽しみました。）

My bi**rthday is March 30 (th**i**rtieth).**
（私の誕生日は3月30日です。）

Tu**rn left at the th**i**rd corner.**
（3つ目の角を左に曲がってください。）

/əːr/ の発音をする その他の単語

gi**rl**　**learn**　**early**　**d**i**rty**　**n**u**rse**　**service**

21

UNIT 3
子音① -1 /l/ light [láit]

発音してみましょう
舌先を上の前歯の裏側につけ［ル］。

正しい発音のためのアドバイス
日本語のラ行の音は、舌先が上の歯茎の中ほどにつきますが、/l/ は、舌先がもう少し前方に出て、上の前歯の裏側あたりにしっかりとつきます。like や long のように、l の後ろに母音が続く場合は、舌を上の前歯の裏側から下方に離しましょう。play や fly など、l が語頭ではなく子音の後ろに続く場合は、l よりも子音のほうにより意識がいってしまい、ラ行の音になりがちですので注意しましょう。

STEP 1 まずは発音を聞いてみましょう。

[láik] like   [plíːz] please

[lɔ́ŋ] long   [pléi] play

[lǽst] last   [blúː] blue

STEP 2 次に音声のあとに続いて発音してみましょう。

like   light   play

lucky   lion   please

long   black   fly

STEP 3 /l/ の発音に気をつけながら、音声のあとに続いて英文を読んでみましょう。

What color do you like?
（何色が好きですか。）

I like blue and black.
（青と黒が好きです。）

Lucky you!
（君ラッキーだね！）

Please lock the door.
（ドアに鍵をかけてください。）

/l/ の発音をする その他の単語

love   live   last   listen   glad   plan

UNIT 4 子音①-2 /l/

school [skúːl]
CD 04

発音してみましょう

[ル] じゃなくて、軽く [ォ]。

正しい発音のためのアドバイス

　school や circle のように、l、le が最後に使われる場合、または、milk のように、l の次に子音が続く場合は、[**スクーォ**][**サーコォ**][**ミォク**] のように舌先を上の前歯の裏側あたりにつけ、[ル] というよりも、軽く [ォ] のように発音しましょう。また、apple や table のように、語尾の〜 ple や〜 ble など子音と l 音が連続する場合も、[**アポォ**][**テイボォ**] のように発音してみましょう。

STEP 1 まずは発音を聞いてみましょう。

[hélp] help　　　　　[skúːl] school

[mílk] milk　　　　　[pénsl] pencil

[wélkəm] welcome　　[téibl] table

STEP 2 次に音声のあとに続いて発音してみましょう。

help　　　school　　　apple

milk　　　beautiful　　table

welcome　　pencil　　purple

STEP 3 /l/ の発音に気をつけながら、音声のあとに続いて英文を読んでみましょう。

Please help each other.
（お互いに助け合ってください。）

Welcome to Japan.
（日本へようこそ。）

I go to school by bus.
（バスで学校に行きます。）

There are some apples on the table.
（テーブルの上にリンゴがいくつかあります。）

/l/ の発音をする その他の単語

pool　cool　all　hospital　circle　castle　people

25

UNIT 5 子音② /r/

right [ráit]

発音してみましょう

チューをするときのように両唇を丸めてとがらせるのがコツです。ひょっとこの口の形を思い出しましょう。

正しい発音のためのアドバイス

舌を上方にそらしますが、舌先は上の歯茎にはつかないようにするのがポイントです。難しく感じる場合は、r を発音する前に［ゥー］をつけて言ってみましょう。例えば、red の場合は［ゥーレッドゥ］のように言ってみましょう。

〈ミニマルペア〉

舌を上の歯茎につけない	舌先は上の歯の裏側
right [ráit]（右）	light [láit]（光）

STEP 1 まずは発音を聞いてみましょう。

[réd] red

[bráun] brown

[ríːd] read

[frénd] friend

[réin] rain

[véri] very

STEP 2 次に音声のあとに続いて発音してみましょう。

right	**rice**	**drink**
read	**round**	**brown**
rain	**wrong**	**Friday**

STEP 3 /r/ の発音に気をつけながら、音声のあとに続いて英文を読んでみましょう。

You are right.
（その通りです。）

He can run fast.
（彼は速く走れます。）

How about some strawberries?
（イチゴをいくつかいかがですか。）

What's wrong with you?
（どうしたの？）

/r/ の発音をする その他の単語

write restroom cry tree great bridge

27

UNIT 6
子音③ /f/

発音してみましょう

上の歯を下の唇に乗せて、上の歯と下唇の間から［フ］と息を強く出しましょう。

正しい発音のためのアドバイス

/f/ は摩擦音と言います。例えば、food（食べ物）を発音する場合、上の歯と下の唇を摩擦させて［フーッ］と口から風が強く感じられるように息を出します。

日本語発音の［フード］のように両唇の間から息を出す日本語のハ行の［フ］と比べてみましょう。

roof（屋根）のようにf音が語尾にくる場合は、息は軽く出すようにします。

STEP 1 まずは発音を聞いてみましょう。

[fúːd] food   [rúːf] roof

[fʌ́n] fun   [náif] knife

[fɔ́ːr] four   [séif] safe

 STEP 2 次に音声のあとに続いて発音してみましょう。

fast	**festival**	**roof**
four	**fly**	**knife**
fireworks	**free**	**life**

 STEP 3 /f/ の発音に気をつけながら、音声のあとに続いて英文を読んでみましょう。

Have fun.
(楽しんできてね。)

Do you like seafood?
(シーフードは好きですか。)

You go first.
(あなたが最初です。)

It's 10:15 (ten fifteen).
(10時15分です。)

/f/ の発音をする その他の単語

father friend fish flower enough graph

UNIT 7 子音④ /v/

vacation
[veikéiʃən]

発音してみましょう

/f/ と同じように、上の歯を下の唇に軽く乗せます。/f/ は［フ］と息だけが出ますが、/v/ は「息」だけではなく［ヴ］と「声」を出しましょう。

正しい発音のためのアドバイス

上の歯と下の唇を軽く摩擦させます。日本語のバ行の音と混同しないようにしましょう。日本人は、例えば、very（とても）を berry（イチゴ類）、vase（花びん）を base（基地）のように、両唇を合わせた b 音で言ってしまいがちですので注意しましょう。

〈ミニマルペア〉

上の歯は下唇の上
very [véri]（とても）

両唇を合わせバ行の音
berry [béri]（イチゴ類）

STEP 1 まずは発音を聞いてみましょう。

[véri] very

[védʒətəbl] vegetable

[sévn] seven

[kʌ́vər] cover

[hǽv] have

[fáiv] five

STEP 2 次に音声のあとに続いて発音してみましょう。

very	every	five
vacation	November	love
volleyball	seven	live

STEP 3 /v/ の発音に気をつけながら、音声のあとに続いて英文を読んでみましょう。

I have many friends.
（友だちがたくさんいます。）

How was your summer vacation?
（夏休みはどうでしたか。）

I walk to school every day.
（毎日歩いて学校に行きます。）

I'll give you five minutes.
（5分時間をあげます。）

/v/ の発音をする その他の単語

vet　vase　over　oven　believe　save　drive

31

UNIT 8
子音⑤ /θ/ three [θríː]

発音してみましょう

舌先を上下の歯の間に軽く置きます。発音するときに舌を上の歯に擦らせながら口の中のほうに移動させます。

正しい発音のためのアドバイス

音を出すときに、舌先が上下の歯の間に残ったままにならないようにしましょう。摩擦音なので、舌を口の奥にすばやく［スッ］と引きます。/θ/ の音は Thank you. や three など、日常よく使われる語や語句に含まれます。［サンキュー］や［スリー］と日本語の「サ行」の音にならないように注意しましょう。math のように /θ/ の発音が語尾にくる場合は、はっきり聞こえないことも多いです。

〈ミニマルペア〉

舌は上下の歯の間	［サ行］の音（この場合はスィの音）
think（考える）	sink（沈む）

STEP 1 まずは発音を聞いてみましょう。

[θǽŋk] thank　　　　　[máuθ] mouth

[θríː] three　　　　　 [sévnθ] seventh

[θíətər] theater　　　 [bóuθ] both

STEP 2 次に音声のあとに続いて発音してみましょう。

three	think	fourth
third	thirteen	month
Thursday	bath	math

STEP 3 /θ/ の発音に気をつけながら、音声のあとに続いて英文を読んでみましょう。

Can I have three?
（3つください。）

I think I can do it.
（できると思います。）

Thank you for your help.
（手伝ってくれてありがとう。）

I like math.
（算数［数学］が好きです。）

/θ/ の発音をする その他の単語

thing　thought　throw　through　bathroom

UNIT 9
子音⑥ /ð/　brother [brʌ́ðər]

発音してみましょう

子音⑤と同様に、舌先を上下の歯の間に置き、舌と歯を摩擦させます。「息」だけではなく「声」を出します。

正しい発音のためのアドバイス

子音⑤の /θ/ と異なる点は、/θ/ は「無声音」（息だけが出る）であるのに対し、/ð/ は「有声音」（喉が震え声が出る）で、/θ/ に「濁点」がついたような発音になります。上下の歯の間に挟んだ舌を上の歯と擦らせ、すばやく［ズッ］と声を出しながら口の奥に引きます。this や brother など、頻繁に使う語に含まれます。日本語の「ザ行」の音と区別しましょう。

STEP 1 まずは発音を聞いてみましょう。

[ðə] the　　　　　　　[fáːðər] father

[ðís] this　　　　　　[brʌ́ðər] brother

[ðéər] there　　　　　[təgéðər] together

STEP 2 次に音声のあとに続いて発音してみましょう。

this	there	mother
that	then	father
they	another	weather

STEP 3 /ð/ の発音に気をつけながら、音声のあとに続いて英文を読んでみましょう。

This is my brother.
（こちらは私の兄です。）

How is the weather?
（天気はどうですか。）

That's right.
（その通りです。）

Let's go together.
（一緒に行きましょう。）

/ð/ の発音をする その他の単語

than　them　though　these　those

35

UNIT 10
子音⑦ /si/ /siː/

sit / seat
[sít] [síːt]

発音してみましょう

　日本語の［シ］とは違い、［ス］と［イ］をすばやく。/si/ は［**スィ**］、/siː/ は［**スィー**］と発音しましょう。

正しい発音のためのアドバイス

　慣れない場合は、［ス・イ］［ス・イ］と何度も言いながら、徐々に速く言ってみてください。sit の si は［**スィ**］と短めに、sea は［**スィー**］と口を横に広げ長めに発音しましょう。例えば、city は［**スィ**ティー］、season は［**スィー**ズン］のように発音します。日本語の［シ］を使って［シティー］とか［シーズン］とならないように注意しましょう。

〈ミニマルペア〉

［スィー］
sea [síː]（海）
seat [síːt]（席）

［シー］
she [ʃíː]（彼女は）
sheet [ʃíːt]（紙）

STEP 1 まずは発音を聞いてみましょう。

[sít] sit   [síː] see

[síks] six   [síːt] seat

[síti] city   [síːkrət] secret

STEP 2 次に音声のあとに続いて発音してみましょう。

/si/	/si/	/siː/
s<u>i</u>ng	s<u>i</u>ster	s<u>ea</u>
s<u>i</u>t	s<u>i</u>lver	s<u>ea</u>t
s<u>i</u>x	ta<u>xi</u>	s<u>ea</u>son

STEP 3 /si/ /siː/ の発音に気をつけながら、音声のあとに続いて英文を読んでみましょう。

Let's sing a song.
（歌を歌いましょう。）

Sit down, please.
（座ってください。）

What season do you like the best?
（どの季節がいちばん好きですか。）

Go back to your seats.
（席に戻りなさい。）

/si/ /siː/ の発音をする その他の単語

［スィ］ bi<u>cy</u>cle <u>si</u>ck   ［スィー］ <u>cei</u>ling <u>see</u>d

UNIT 11
子音⑧ /zi/ /ziː/

busy / zebra
[bízi] [zíːbrə]

発音してみましょう

日本語の[ジ]とは違い、[ズ]と[イ]をすばやく。/zi/は[**ズィ**]、/ziː/は[**ズィー**]と発音しましょう。

正しい発音のためのアドバイス

子音⑦のように、慣れない場合は、[ズ・イ][ズ・イ]と何度も言いながら、徐々に速く言ってみてください。例えば、easy の sy は[**ズィ**]と短めに、zebra の ze は[**ズィー**]と口を横に広げ長めに発音しましょう。

STEP 1 まずは発音を聞いてみましょう。

[íːzi] easy　　　　　　[zíːbrə] zebra

[bízi] busy　　　　　　[mæ̀ɡəzíːn | mǽɡəzìːn] magazine

[ráiziŋ] rising　　　　[kwizíːn] cuisine

STEP 2 次に音声のあとに続いて発音してみましょう。

/zi/	/zi/	/ziː/
ea**sy**	bree**zy**	**ze**bra
bu**sy**	**zi**gzag	maga**zi**ne
la**zy**	po**si**tion	cui**si**ne

STEP 3 /zi//ziː/ の発音に気をつけながら、音声のあとに続いて英文を読んでみましょう。

Don't be lazy**.**
（怠けてはいけません。）

I'm very busy** today.**
（私は今日はとても忙しいです。）

I saw a baby zebra** in the zoo.**
（動物園でシマウマの赤ちゃんを見ました。）

I want to read fashion magazi**nes.**
（私はファッション雑誌を読みたいです。）

/zi/ /ziː/ の発音をする その他の単語

［ズィ］ **di**zzy**　ze**ro　lo**si**ng　clo**si**ng　［ズィー］ **zeal**

第1章 重要語句チェック

UNIT 1

ant 名 蟻
animal 名 動物
bag 名 袋、かばん
sad 形 悲しい
fast 形 速い
black 形 黒い
hat 名 帽子

UNIT 2

bird 名 鳥
circle 名 円
first 形 最初の
turn 動 曲がる
purple 形 紫色の
Thursday 名 木曜日
fireworks 名 花火

UNIT 3

play 動 運動する
lucky 形 幸運である
light 名 光
lion 名 ライオン
please 副 どうぞ、どうか
fly 動 飛ぶ

UNIT 4

welcome 間 ようこそ
school 名 学校
beautiful 形 美しい
pencil 名 鉛筆
apple 名 りんご
table 名 テーブル

UNIT 5

right 形 正しい
read 動 読む
rain 名 雨
rice 名 米
round 前 ～をひとまわりして
wrong 形 誤っている
drink 動 飲む
brown 形 茶色の
Friday 名 金曜日

UNIT 6

four 名 4
festival 名 祭り
free 形 自由な
roof 名 屋根
knife 名 ナイフ
life 名 命

UNIT 7

vacation 名 長期休暇
volleyball 名 バレーボール
every 形 あらゆる、毎〜
November 名 11月
seven 名 7
five 名 5
love 名 愛情
live 動 住む

UNIT 8

thank 動 感謝する
theater 名 劇場
third 形 第3の
bath 名 入浴
math 名 算数、数学

UNIT 9

father 名 父
mother 名 母
brother 名 兄弟
together 副 共に
another 形 もうひとつの
weather 名 天気

UNIT 10

secret 形 内密で
sit 動 座る
sister 名 姉妹
silver 形 銀の
sea 名 海
seat 名 座席
season 名 季節

UNIT 11

easy 形 容易な
busy 形 忙しい
lazy 形 怠惰な
breezy 形 そよ風の吹く
zigzag 名 ジグザグ
position 名 位置
zebra 名 シマウマ
magazine 名 雑誌
cuisine 名 料理

第1章 まとめと復習

音読して確認しましょう。

/æ/	［ア］(a) と［エ］(e) を混ぜ合わせたような音。猫が「ミャー」と鳴くまねをしてみましょう。
🗣 音読しよう▶▶	apple happy black man bad

/əːr/	［アー］と［ウー］の中間くらいの音。口を少しだけ開いて発音しましょう。
🗣 音読しよう▶▶	bird turn word girl purple

/l/	舌先を上の前歯の裏側につけて［ル］の音。日本語のラ行との違いを意識しましょう。
🗣 音読しよう▶▶	light like fly long lion

/l/	school、circle のように l、le が最後にくる場合、または milk のように l の次に子音が続く場合は、［ル］ではなく軽く［ォ］のように発音します。
🗣 音読しよう▶▶	school help table pencil milk

/r/	両唇を丸めてとがらせて発音します。舌先が上の歯茎につかないようにするのがポイントです。
🗣 音読しよう▶▶	right red rice rain Friday

/f/	上の歯を下の唇に乗せて［フ］と息を強く出します。日本語のハ行の［フ］との違いに要注意。
🗣 音読しよう▶▶	fun fast life free knife

/v/	/f/ と同じように上の歯を下の唇に乗せます。息だけではなく [ヴ] と声を出すこと。

◆ 音読しよう▶▶ vacation very love seven five

/θ/	舌先を上下の歯の間に置き、舌を上の歯に擦らせながら口の中のほうに移動させます。

◆ 音読しよう▶▶ three think month thirteen math

/ð/	/θ/ と同様に舌先を上下の歯の間に置き、舌と歯を摩擦させます。/θ/ とは違い、息だけではなく声を出します。

◆ 音読しよう▶▶ brother this another father though

/si/ /siː/	[ス] と [イ] をすばやく [スィ] [スィー] と発音します。日本語の [シ] との違いに要注意。

◆ 音読しよう▶▶ sit sister sea seat

/zi/ /ziː/	[ズ] と [イ] をすばやく [ズィ] [ズィー] と発音します。日本語の [ジ] との違いに要注意。

◆ 音読しよう▶▶ busy position zebra cuisine

発音みちくさ講座

1

「座る」は sit [スィットゥ]、[シットゥ] ではありません！

　以前日本で、あるモーターショーに行ったときの話です。新しい車の説明を聞きに、海外からのお客さんもいて大盛況でした。私が並んだ列のブースには、英語を話せる受付の女性がいて、海外からのお客さんの応対をされていました。「やっぱり英語ができるって、仕事の幅が広がるな」と微笑ましく思いました。と、そのときです、私が身がすくむ思いをしたのは！ その受付の女性はもっと詳しく説明をしたかったのでしょう。立ったままでは何なので、彼女はそのお客さんに満面の笑みで「プリーズ シットゥ ヒア」「プリーズ シットゥ ヒア」と言ったのです。もう私はその場所にいられなくなりました。もちろん彼女は「どうぞこちらにお座りください」と言いたかったのでしょうが、そうは聞こえないのです。Please sit here. の sit は [シットゥ] ではなく [スィットゥ] のように発音します。「そのくらいの違いはいいじゃないか」と思われるかもしれませんが、[シットゥ (shit)] と発音すると、それは「座る」ではなく「ウンコする」という意味だからです。もちろん、お客さんも、受付の女性が「こちらにウンコしてください」なんて言っているとは思っていないはずです。でも、実は海外からのお客さんにはそう聞こえるのです。だから、発音は意味が通じればいいというものでもないのです。気まずい雰囲気をつくらないためにも、発音にはくれぐれも注意しましょう。特に sit は教室でもよく使う単語です。子どもたちにも正しい英語の発音を聞かせてあげましょう。

44

第2章

これだけで大丈夫!
母音編

発音の基本となる12個の母音です。CDのあとに続いて音読し、英語の発音に口を慣れさせましょう。

UNIT 12

母音③ /ɑ/ — body [bɑ́di]

発音してみましょう

驚いて「あっ!」と言うときのように、口を大きく開けて(口の中を広くして)[ア]と発音します。

正しい発音のためのアドバイス

例えば、body を日本語の[ア]のように口を中くらいに開けて発音すると buddy(相棒)のように聞こえてしまうので注意しましょう。

body や hot のように、o が子音に挟まれる場合、イギリス英語ではそれぞれ[ボディー][ホットゥ]のように発音しますが、アメリカ英語では[バディー][ハットゥ]のように変わります。

〈ミニマルペア〉

口を大きく開き [ア]	[ア + エ]
mop [mɑ́p](モップ)	map [mǽp](地図)

STEP 1 まずは発音を聞いてみましょう。

[bádi] body　　　　　[báks] box

[gát] got　　　　　　[bátəm] bottom

[máp] mop　　　　　[nálidʒ] knowledge

STEP 2 次に音声のあとに続いて発音してみましょう。

bo**dy**　　**n**o**t**　　**b**o**x**

ho**t**　　**m**o**p**　　**b**o**ttom**

go**t**　　**c**o**nfidence**　　**kn**o**wledge**

STEP 3 /ɑ/ の発音に気をつけながら、音声のあとに続いて英文を読んでみましょう。

It's hot today.
（今日は暑いですね。）

I got it.
（わかりました。）

Put it in the box.
（それを箱の中に入れなさい。）

Let's use body language.
（ボディーランゲージを使いましょう。）

/ɑ/ の発音をする その他の単語

wa**tch　p**o**t　sh**o**t　g**o**d　w**a**nt　cl**o**ck**

UNIT 13

母音④ /ɑːr/   star [stáːr]

発音してみましょう

驚いて「あー！」と言うときのように、口を大きく開けて（口の中を広くして）［アー］と少し長めに発音します。

正しい発音のためのアドバイス

母音③の /ɑ/ を長めに発音しながら、最後のほうで舌を口の奥のほうに引きます。もし舌を奥のほうに引くのが難しければ、［アー］と伸ばすだけ（イギリス英語やオーストラリア英語）でも大丈夫です。park のように ar でつづる単語によく現れます。

母音②でも練習したように、口を小さく開く /əːr/ と混同しないようにしましょう。/ɑːr/ と /əːr/ の違いは、日本人にとってはほんの少しの違いに感じるかもしれませんが、star [stáːr]（星）と stir [stə́ːr]（かき混ぜる）のように、1音違うだけで意味が大きく異なりますので注意しましょう。

〈ミニマルペア〉

口を大きく開き［アー］	口を少しだけ開き［（ア＋ウ）ー］
hard [háːrd]（硬い）	heard [hə́ːrd]（聞いた［hear］の過去形）

STEP 1 まずは発音を聞いてみましょう。

[stáːr] star   [háːrd] hard

[káːr] car   [páːrti] party

[páːrk] park   [káːrd] card

STEP 2 次に音声のあとに続いて発音してみましょう。

st**ar**   **ar**t   guit**ar**

car   h**ar**d   p**ar**ty

p**ar**k   y**ar**d   c**ar**d

STEP 3 /ɑːr/ の発音に気をつけながら、音声のあとに続いて英文を読んでみましょう。

Let's go to the par**k.**
（公園に行きましょう。）

Pick one car**d you like.**
（好きなカードを1枚取りなさい。）

We went to an ar**t museum.**
（私たちは美術館に行きました。）

My father has a small blue car**.**
（父は小さな青い車を持っています。）

/ɑːr/ の発音をする その他の単語

f**ar**   d**ar**k   c**ar**penter   m**ar**k   h**ear**t   g**uar**d

UNIT 14
母音⑤ /ʌ/　color [kʌ́lər]

> 発音してみましょう
>
> 日本語の［ア］のように、口を中くらいに開けて「あした」の［ア］。

> 正しい発音のためのアドバイス
>
> 「あした（明日）」や「あくしゅ（握手）」などの日本語の［ア］とほぼ同じ音です。口を開け過ぎずに短く［ア］と発音しましょう。例えば、hut（小屋）やluck（運）を口を大きく開けて［ハットゥ］［ラック］と発音すると、hot（暑い、熱い）やlock（カギ）という意味になってしまいますので注意しましょう。
>
> 〈ミニマルペア〉
>
> | 口を中くらいに開き［ア］ | 口を大きく開き［ア］ |
> |---|---|
> | hut [hʌ́t]（小屋） | hot [hát]（暑い、熱い） |

STEP 1 まずは発音を聞いてみましょう。

[kʌ́t] cut   [kʌ́lər] color

[rʌ́n] run   [mʌ́ðər] mother

[lʌ́k] luck   [ʌ́ŋkl] uncle

STEP 2 次に音声のあとに続いて発音してみましょう。

c**u**t	l**u**ck	c**o**lor
f**u**n	b**u**g	m**o**ther
r**u**n	**u**nder	**u**ncle

STEP 3 /ʌ/ の発音に気をつけながら、音声のあとに続いて英文を読んでみましょう。

Good lu**ck!**
（頑張って！）

Did you have fu**n?**
（楽しかった？）

A cat is **under the table.**
（ネコがテーブルの下にいます。）

My favorite co**lors are green and brown.**
（私の好きな色は緑と茶色です。）

/ʌ/ の発音をする その他の単語

s**u**n   h**u**ngry   j**u**dge   j**u**ngle   n**u**mber

51

UNIT 15
母音⑥ /ə/ — lion [láiən]

発音してみましょう

口をほんの少しだけ開いて、軽く短く［ア］と［ウ］の間で声を出しましょう。

正しい発音のためのアドバイス

単語のアクセントがない音節によく使われる音です。例えば、**about** や **America** は、［ァ**バ**ウトゥ］や［ァ**メ**リカ］のように、いずれも語の最初の［ア］にはアクセントがないので、口を大きく開けて［ア］とは発音しません。**computer** も［クン**ピュ**ーター］、**second** も［**セ**クン（ドゥ）］、**station** も［ス**ティ**シュン］のように聞こえます。口に人差し指をくわえ、両唇が人差し指から離れないようにして練習しましょう。

STEP 1 まずは発音を聞いてみましょう。

[əbáut] about [pǽndə] panda

[əláud] aloud [stéiʃən] station

[láiən] lion [kəmpjúːtər] computer

STEP 2 次に音声のあとに続いて発音してみましょう。

<u>a</u>bout　　**Americ<u>a</u>**　　**stati<u>o</u>n**

<u>a</u>cross　　**li<u>o</u>n**　　**c<u>o</u>mputer**

<u>a</u>loud　　**pand<u>a</u>**　　**c<u>o</u>nvenience store**

STEP 3 /ə/ の発音に気をつけながら、音声のあとに続いて英文を読んでみましょう。

My English teacher is from Americ<u>a</u>.
(私の英語の先生はアメリカ出身です。)

Do you have a c<u>o</u>mputer?
(コンピューターを持っていますか。)

My classroom is on the sec<u>o</u>nd floor.
(私の教室は2階です。)

Let's meet at the stati<u>o</u>n.
(駅で会いましょう。)

/ə/ の発音をする その他の単語

al<u>o</u>ne　fam<u>ou</u>s　eleph<u>a</u>nt　resta<u>u</u>rant　c<u>o</u>ntrol

UNIT 16
母音⑦ /ər/ — letter [létər]

発音してみましょう

口をほんの少しだけ開き、[ア]と[ウ]の間の音で少しだけ伸ばします。

正しい発音のためのアドバイス

母音②の /əːr/ はアクセントがある部分の音ですので、少し長く強く発音しますが、/ər/ は母音⑥の /ə/ と同じように、アクセントがない部分の音なので、弱めに発音しましょう。ただし、/ər/ は /ə/ という短い音のあとに口の中で舌を少し奥に引いて、/ə/ よりも少しだけ長めに発音します。mother や teacher、ear や air など、単語の最後によく現れます。

STEP 1 まずは発音を聞いてみましょう。

[mʌ́ðɚ] mother

[íɚ] ear

[dɑ́ktɚ] doctor

[éɚ] air

[létɚ] letter

[túɚ] tour

STEP 2 次に音声のあとに続いて発音してみましょう。

mother　　Saturday　　here

letter　　yesterday　　air

center　　ear　　your

STEP 3 /ɚ/ の発音に気をつけながら、音声のあとに続いて英文を読んでみましょう。

Do you have brothers or sisters?
（兄弟はいますか。）

I went camping with my family yesterday.
（昨日、家族とキャンプに行きました。）

Let's get some fresh air.
（新鮮な空気を吸いましょう。）

It's your turn.
（あなたの番ですよ。）

/ɚ/ の発音をする その他の単語

father　teacher　bear　summer　winter

UNIT 17
母音⑧ /i/ — big [bíg]

発音してみましょう

少し［エ］に近い［イ］で発音しましょう。

正しい発音のためのアドバイス

英語の /i/ の音は、日本語の［イ］の音と少しだけ異なります。日本語の［イ］を少しだけ［エ］に近く発音しましょう。例えば、big は［ビッグ］と［ベッグ］の中間くらいで発音してみましょう。あまり［エ］に近く発音し過ぎると beg（請い求める）に聞こえてしまいますので注意が必要です。

〈ミニマルペア〉

［イ］と［エ］の間　　　　　　［エ］
sit [sít]（座る）　　　　　　set [sét]（設定する）

STEP 1 まずは発音を聞いてみましょう。

[bíg] big   [mínət] minute

[ʃíp] ship   [fíniʃ] finish

[kík] kick   [wíndou] window

STEP 2 次に音声のあとに続いて発音してみましょう。

b<u>i</u>g	k<u>i</u>ck	f<u>i</u>n<u>i</u>sh
s<u>i</u>t	p<u>i</u>ck	l<u>i</u>ve
sh<u>i</u>p	m<u>i</u>nute	w<u>i</u>ndow

STEP 3 /i/ の発音に気をつけながら、音声のあとに続いて英文を読んでみましょう。

Just a m<u>i</u>nute, please.
（ちょっと待ってください。）

Where do you l<u>i</u>ve?
（どこに住んでいますか。）

Please close the w<u>i</u>ndow.
（窓を閉めてください。）

Are you f<u>i</u>n<u>i</u>shed?
（終わりましたか。）

/i/ の発音をする その他の単語

<u>E</u>ngl<u>i</u>sh   <u>I</u>taly   st<u>i</u>ck   Chr<u>i</u>stmas   pr<u>e</u>tty   b<u>u</u>sy

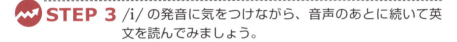

UNIT 18
母音⑨ /iː/   seat [síːt]

発音してみましょう
にっこり笑った顔で［イー］。

正しい発音のためのアドバイス
写真を撮ってもらうときに「はい、チーズ」と言いますが、それは cheese と発音したときに、笑った顔になるからです。日本語の［イ］を伸ばすだけでは笑った顔にはなりません。唇の両わきをしっかり外側に開きましょう。

〈ミニマルペア〉

笑顔で［イー］	［イ］と［エ］の間
seat [síːt]（座席）	sit [sít]（座る）

STEP 1 まずは発音を聞いてみましょう。

[íːt] eat　　　　　　　[plíːz] please

[síːt] seat　　　　　　[gríːn] green

[ríːd] read　　　　　　[míːt] meet

STEP 2 次に音声のあとに続いて発音してみましょう。

eat　　　　**tea**　　　　**please**

seat　　　**cheese**　　**meet**

keep　　　**read**　　　**week**

STEP 3 /iː/ の発音に気をつけながら、音声のあとに続いて英文を読んでみましょう。

Please have a seat.
（座ってください。）

Say cheese.
（はい、チーズ。）

Let's read it together.
（一緒に読みましょう。）

Have a nice weekend.
（いい週末を。）

/iː/ の発音をする その他の単語

teach　people　see　tree　key　machine

UNIT 19
母音⑩ /u/ book [búk]

発音してみましょう
口を丸めて短く［ウ］。

正しい発音のためのアドバイス
　日本語の［ウ］と［オ］の間くらいの音で発音してみましょう。「うる（売る）」や「うく（浮く）」のように、日本語の［ウ］はあまり口を開かずに発音しますが、英語の /u/ は日本語よりも唇を突き出すように丸め短く発音します。日本語の［ウ］よりも舌の位置が少し低くなります。/u/ は通常語頭には現れず、book [búk] や put [pút] などのように、語中に使われます。

STEP 1 まずは発音を聞いてみましょう。

[búk] book   [lúk] look

[kúk] cook   [púl] pull

[pút] put   [gúd] good

STEP 2 次に音声のあとに続いて発音してみましょう。

b**oo**k	l**oo**k	p**u**ll
c**oo**k	f**oo**t	f**u**ll
g**oo**d	p**u**sh	p**u**t

STEP 3 /u/ の発音に気をつけながら、音声のあとに続いて英文を読んでみましょう。

Please turn over your textboo**ks.**
（教科書を伏せてください。）

Pu**t it away.**
（片づけなさい。）

Take a loo**k at this.**
（これを見てください。）

Goo**d job!**
（よくできました！）

/u/ の発音をする その他の単語

s**u**gar   b**u**ll   w**oo**d   h**oo**k   c**ou**ld   sh**ou**ld

---

61

UNIT 20
母音⑪ /uː/ — school [skúːl]

発音してみましょう

口をひょっとこのようにとがらせ鋭く［ウー］。

正しい発音のためのアドバイス

日本語で［ウー］と言うときには口をあまり丸めませんが、英語で /uː/ と発音するときには、/u/ よりも口をさらに丸めて前のほうに突き出します。口元を緊張させ、鋭く［ウー］と言ってみましょう。特に「プール」や「スープ」など、外来語が、日本語の［ウー］の発音にならないように注意しましょう。

〈ミニマルペア〉

/uː/
pool [púːl]（プール）

/u/
pull [púl]（引く）

STEP 1 まずは発音を聞いてみましょう。

[blúː] blue　　　　　[fúːd] food

[súːp] soup　　　　　[dúː] do

[ʃúːz] shoes　　　　[frúːt] fruit

STEP 2 次に音声のあとに続いて発音してみましょう。

pool　　　**shoes**　　　**spoon**

cool　　　**school**　　　**blue**

tool　　　**soup**　　　**ruler**

STEP 3 /uː/ の発音に気をつけながら、音声のあとに続いて英文を読んでみましょう。

Our school trip was fun.
（修学旅行は楽しかったです。）

Would you like some soup?
（スープはいかがですか。）

I bought a new pair of shoes.
（私は新しい靴を1足買いました。）

Can I use your ruler?
（あなたの定規を使ってもいいですか。）

/uː/ の発音をする その他の単語

boot　two　lose　true　view　suit

UNIT 21

母音⑫ /e/ egg [ég]

発音してみましょう

少しだけ［ア］に近い［エ］。

正しい発音のためのアドバイス

日本語の［エ］によく似ていますが、はっきりと［エ］とは発音せずに、少しだけ［ア］に近づけます。例えば、**bed** を少しだけ **bad** 寄りに発音してみてください。日本語の［エ］よりも唇の筋肉をゆるめ、舌の位置は日本語の［エ］よりも少しだけ低くなります。

〈ミニマルペア〉

少しだけ［ア］に近い［エ］	［ア］と［エ］の中間
send [sénd]（送る）	sand [sǽnd]（砂）

STEP 1 まずは発音を聞いてみましょう。

[béd] bed   [ténəs] tennis

[séd] said   [frénd] friend

[ég] egg   [sél] sell

STEP 2 次に音声のあとに続いて発音してみましょう。

bed	egg	tennis
get	tell	friend
said	smell	test

STEP 3 /e/ の発音に気をつけながら、音声のあとに続いて英文を読んでみましょう。

What time do you go to bed?
(何時に寝ますか。)

I sometimes play tennis with my friends.
(友だちとときどきテニスをします。)

It smells good!
(いいにおいですね！)

I'll have a test tomorrow.
(明日テストがあります。)

/e/ の発音をする その他の単語

met　set　end　every　bread　again　many

UNIT 22
母音⑬ /ɔː/   talk [tɔ́ːk]   CD 22

発音してみましょう
口を大きく開いて［オー］を少しだけ［アー］に近く。

正しい発音のためのアドバイス
　［オー］と言いながら［アー］と言ってみましょう。口を大きく開けるのがポイントです。例えば、walk は［ウォーク］と［ウァーク］の間くらいで発音すると上手くいきます。特に、August（8月）や law（法律）のように、au や aw でつづる部分は /ɔː/ の発音になることが多いです。［オウ］と間違いやすいので注意して発音練習をしましょう。

〈ミニマルペア〉

［オー］＋［アー］　　　　　　　　［オウ］
law [lɔ́ː]（法律）　　　　　　　　 low [lóu]（低い）

STEP 1 まずは発音を聞いてみましょう。

[ɔ́ːl] all　　　　　　　[lɔ́ː] law

[tɔ́ːl] tall　　　　　　[ɔ́ːsəm] awesome

[wɔ́ːk] walk　　　　　[bɔ́ːt] bought

STEP 2 次に音声のあとに続いて発音してみましょう。

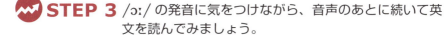

all	talk	law
ball	walk	awesome
tall	August	bought

STEP 3 /ɔː/ の発音に気をつけながら、音声のあとに続いて英文を読んでみましょう。

Are you all right?
（大丈夫ですか。）

Let's talk about it over lunch.
（お昼ご飯を食べながらそれについて話しましょう。）

Today is August 1.
（今日は8月1日です。）

My favorite sport is basketball.
（私の好きなスポーツはバスケットボールです。）

/ɔː/ の発音をする その他の単語

call　taught　salt　saw　autumn　thought

UNIT 23
母音⑭ /ɔːr/　door [dɔ́ːr]

お―!

発音してみましょう

何かに感心して［オー］。

正しい発音のためのアドバイス

/ɔː/ は口を大きく開きますが、/ɔːr/ は口先を少しとがらせてはっきり［オ］と言った直後に、舌を口の奥に引きましょう。door や more や warm のように、つづりに or や ar を伴う単語によく現れます。特に、カタカナ語の「ドア（door）」や「ストアー（store）」などの［ア］は r 音ですので注意しましょう。母音⑬の /ɑː/ と間違いやすいので注意しましょう。

〈ミニマルペア〉

［オ］のあと舌を引く　　　　　　　　　　［オー］＋［アー］
source [sɔ́ːrs]（情報源）　　　　　　　　sauce [sɔ́ːs]（ソース）

STEP 1 まずは発音を聞いてみましょう。

[mɔ́ːr] more   [pɔ́ːrk] pork

[dɔ́ːr] door   [wɔ́ːr] war

[stɔ́ːr] store   [wɔ́ːrm] warm

STEP 2 次に音声のあとに続いて発音してみましょう。

or   **sore**   **pork**

door   **corn**   **war**

more   **store**   **warm**

STEP 3 /ɔːr/ の発音に気をつけながら、音声のあとに続いて英文を読んでみましょう。

Would you like some pop corn?
（ポップコーンがほしいですか。）

There's a convenience store near my house.
（私の家の近くにコンビニがあります。）

It's nice and warm in this room.
（この部屋は暖かくて気持ちいいですね。）

I have a sore throat.
（喉が痛いです。）

/ɔːr/ の発音をする その他の単語

order   organ   court   pour   boring   soar

第2章 重要語句チェック

UNIT 12

body 名 体
hot 形 暑い
got 動 get（手に入れる）の過去・過去分詞形
not 副 ～でない
mop 名 モップ
confidence 名 信頼
box 名 箱
bottom 名 底
knowledge 名 知識

UNIT 13

star 名 星
car 名 車
park 名 公園
art 名 美術
hard 形 かたい
yard 名 ヤード（長さの単位）
guitar 名 ギター
party 名 パーティー
card 名 カード

UNIT 14

cut 動 切る
fun 名 楽しみ
run 動 走る
luck 名 幸運
bug 名 虫
under 前 ～の下に
color 名 色

mother 名 母
uncle 名 おじ

UNIT 15

about 前 ～について
across 前 ～を横切って
aloud 副 声に出して
America 名 アメリカ合衆国
lion 名 ライオン
panda 名 パンダ
station 名 駅
computer 名 コンピューター
convenience store コンビニ

UNIT 16

letter 名 手紙
center 名 中心
Saturday 名 土曜日
yesterday 名 昨日
ear 名 耳
here 副 ここに
air 名 空気
your 代 あなたの

UNIT 17

big 形 大きい
sit 動 座る
ship 名 船
kick 動 ～を蹴る
pick 動 入念に選ぶ
minute 名 分
finish 動 ～を終える

window 名 窓

UNIT 18
eat 動 食べる
seat 名 座席
keep 動 保つ
tea 名 茶
cheese 名 チーズ
read 動 読む
please 動 ～を喜ばせる
meet 動 ～に会う
week 名 週

UNIT 19
book 名 本
cook 名 料理
good 形 良い
look 動 見る
foot 名 足
push 動 押す
pull 動 引く
full 形 いっぱいの
put 動 置く

UNIT 20
pool 名 プール
cool 形 涼しい
tool 名 道具
shoes 名 靴
school 名 学校
soup 名 スープ
spoon 名 スプーン
blue 形 青色の
ruler 名 定規

UNIT 21
bed 名 ベッド
get 動 手に入れる
said 動 say（言う）の過去・過去分詞形
egg 名 卵
tell 動 言う
smell 動 においがする
tennis 名 テニス
friend 名 友だち
test 名 試験

UNIT 22
all 形 全部の
ball 名 ボール
tall 形 背の高い
talk 動 話す
walk 動 歩く
August 名 8月
law 名 法律
awesome 形 すごく
bought 動 buy（買う）の過去・過去分詞形

UNIT 23
or 接 AかB
door 名 ドア
more 形 より多くの
sore 形 痛い
corn 名 トウモロコシ
store 名 店
pork 名 豚肉
war 名 戦争
warm 形 暖かい

71

第2章 まとめと復習

音読して確認しましょう。

/ɑ/	口を大きく開けて［ア］と発音します。驚いて「あっ！」と言うときを思い出しましょう。
● 音読しよう ▶▶	body hot pot clock want

/ɑːr/	口を大きく開けて［アー］と少し長めに発音します。驚いて「あー！」と言うときを思い出しましょう。
● 音読しよう ▶▶	star car art party mark

/ʌ/	口を中くらいに開けて［ア］と発音します。「あした」や「あくしゅ」などの日本語の［ア］とほぼ同じ音です。
● 音読しよう ▶▶	color cut run uncle judge

/ə/	口をほんの少しだけ開いて軽く短く［ア］と［ウ］の間で声を出しましょう。
● 音読しよう ▶▶	lion about panda famous alone

/ər/	口をほんの少しだけ開いて［ア］と［ウ］の間の音で少しだけ伸ばします。
● 音読しよう ▶▶	letter center air summer winter

/i/	日本語の［イ］を少し［エ］に近く発音しましょう。
● 音読しよう ▶▶	big window minute English pretty

/iː/	にっこり笑った顔で［イー］と発音します。唇の両わきをしっかり外側に開きましょう。
🫦 音読しよう ▶▶	seat keep read people key

/u/	口を丸めて短く[ウ]と発音します。日本語の[ウ]と[オ]の間くらいの音を意識してみましょう。
🫦 音読しよう ▶▶	book pull good put should

/uː/	日本語で［ウー］と言うときよりもさらに口を丸めて鋭く［ウー］と発音します。
🫦 音読しよう ▶▶	school tool soup ruler lose

/e/	日本語の［エ］を少しだけ［ア］に近づけて発音します。日本語の［エ］よりも唇の筋肉をゆるめ、舌の位置を少しだけ低くします。
🫦 音読しよう ▶▶	egg tell end every again

/ɔː/	口を大きく開いて［オー］を少しだけ［アー］に近づけて発音します。［オー］と言いながら［アー］と言ってみましょう。
🫦 音読しよう ▶▶	talk ball law salt thought

/ɔːr/	口先を少しとがらせてはっきり［オ］と言った直後に舌を口の奥に引きましょう。何かに感心して［オー］と言うときを思い出してみましょう。
🫦 音読しよう ▶▶	door war order pour boring

発音みちくさ講座 2

mom と ma'am では大違い！

　以前、私の友人の男性が、バーでお酒を飲みながら、そのお店で出会っ
たアメリカ人の女性客と英語で会話をしたときの話です。彼は、英語で
ちょっとやり取りしてみようと、勇気を出して慣れない英語で四苦八苦しな
がら彼女と世間話をしたらしいのです。和やかな会話が終わりお別れのと
きに、「自分と話す時間を割いてくれてありがとう」という意味で、彼女に
「サンキュー　マーム」と笑顔で言うと、そのアメリカ人の女性客は、にやに
やしながら "I'm not your mother." と返してきたらしいのです。

　彼はそのときはわけがわからず、笑顔でお別れしたそうなのですが、そ
のことがどうしても気になったらしく、数日後、私に連絡があり、なぜ彼
女はそう言ったと思うか尋ねてきました。私が「マームってどんな発音で
言った?」と聞き返すと、まさに、口を大きく開いたまま「**マ**ーム」、つまり
mom（お母さん）の発音でした。「そりゃ、ma'am（女性に対する敬称）じゃ
なくて mom って聞こえたんだよ」と言うと、「うわっ、どうしよう」と恥ず
かしそうでした。

　mom は [mάm]（口を大きく開く [ア]）、ma'am は [mǽm]（[ア] と [エ]
の中間音）と発音します。もちろん、彼女は、彼が言っている意味は状況
的にわかっていたと思うのですが、やはりおかしく聞こえますね。ちょっ
とした発音の違いで、変な誤解は避けたいものです。そういう意味では、
発音は英会話では無視できない大切な要素なのです。

74

第3章

これだけで大丈夫!
二重母音編

発音の基本となる5個の二重母音です。日本語との違いを意識しながら練習しましょう。

UNIT 24 二重母音① /ai/ high [hái]

発音してみましょう

[ア] と [イ] を分けずに、すばやく [アィ]。

正しい発音のためのアドバイス

　二重母音は2つの母音で成り立っていますが、2つを別々の音としてではなく、1つの音として捉え、2つの音をすばやく発音しましょう。例えば、日本語の「愛」は [ア] と [イ] を両方はっきり発音しますが、英語の eye は [アィ] のように、1つ目の母音を2つ目の母音より強く、そして2音なめらかに発音します。1つ目の母音を強く発音するので、eye [**アー**ィ]、fine [**ファー**ィン]、line [**ラー**ィン] のように、1つ目の母音 /a/ が少し長く聞こえるときもあります。

STEP 1 まずは発音を聞いてみましょう。

[ái] eye

[fáin] fine

[náit] night

[láibrèri] library

[bái] buy

[káind] kind

STEP 2 次に音声のあとに続いて発音してみましょう。

eye	right	line
high	buy	library
night	fine	kind

STEP 3 /ai/ の発音に気をつけながら、音声のあとに続いて英文を読んでみましょう。

Please close your eyes.
（目をつぶってください。）

I want to study at the library.
（図書館で勉強したいです。）

Form two lines.
（2列に並んでください。）

Be kind to your friends.
（友だちに親切にしなさい。）

/ai/ の発音をする その他の単語

ice island kite sign cry try

77

UNIT 25 二重母音② /ei/

grape
[gréip]

発音してみましょう

かけ声をかけるときの［エィ！］。

正しい発音のためのアドバイス

英語の発音で「［エィ］かな、［エー］かな」と思ったら、それは［エィ］です。英語には［エー］と伸ばす発音はありません。例えば、grape は［グレープ］ではなく［グ**レ**ィプ］、straight は［ストレート］ではなく［ストゥ**レ**ィトゥ］、make は［メーク］ではなく［**メ**ィク］のように発音します。特に、table（テーブル）、game（ゲーム）、station（ステーション）など、［エー］と伸ばす外来語には注意しましょう。それぞれ［**テ**ィボォ］［**ゲ**ィム］［ス**テ**ィシュン］のように発音します。

STEP 1 まずは発音を聞いてみましょう。

[géim] game　　　　　[téibl] table

[gréip] grape　　　　[féis] face

[stéiʃən] station　　[féivərət] favorite

STEP 2 次に音声のあとに続いて発音してみましょう。

game	station	face
grape	name	today
straight	table	favorite

STEP 3 /ei/ の発音に気をつけながら、音声のあとに続いて英文を読んでみましょう。

What's the date today?
（今日は何日ですか。）

Go straight and turn right.
（まっすぐ行って右に曲がってください。）

I like grapes the best.
（ぶどうがいちばん好きです。）

Please make pairs.
（ペアになってください。）

/ei/ の発音をする その他の単語

eight　April　rain　great　break　safe

UNIT 26
二重母音③ /ɔi/

発音してみましょう
口を丸めて友だちに呼びかけるときの［オィ！］。

正しい発音のためのアドバイス
　　日本語の［オ］よりも口先を少し緊張させ丸めるのがポイントです。例えば、日本語の「甥（おい）」は、［オ］と［イ］の２つの音をはっきり独立して発音しますが、英語の二重母音の /ɔi/ は［オ］と［イ］を１つの音のように一気に［オィ］と発音します。そのとき［オ］のほうを［イ］よりも強く発音しましょう。oil や coin は［オ・イ・ル］［コ・イ・ン］と１つずつ発音するのではなく、それぞれ［**オ**ィォ］［**コ**イン］のように、最初を強く発音しましょう。

STEP 1 まずは発音を聞いてみましょう。

[bɔ́i] boy [sɔ́i] soy

[pɔ́int] point [ɔ́il] oil

[dʒɔ́ifl] joyful [nɔ́iz] noise

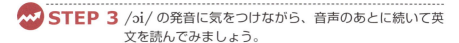 **STEP 2** 次に音声のあとに続いて発音してみましょう。

boy	point	join
toy	enjoy	oil
coin	boil	noisy

STEP 3 /ɔi/ の発音に気をつけながら、音声のあとに続いて英文を読んでみましょう。

Join us.
（一緒にどうぞ。）

Did you enjoy your vacation?
（休暇は楽しかった？）

He is such a nice boy.
（彼は本当にいい子です。）

Good point!
（いいところに気づきましたね！）

/ɔi/ の発音をする その他の単語

oyster soy toilet royal voice avoid

UNIT 27 二重母音④ /au/

sound [sáund]

発音してみましょう

日本語の「会う」の［ア］を強めに［アゥ］。

正しい発音のためのアドバイス

例えば、日本語の「会う」は、［ア］と［ウ］を2つの音として発音しますが、英語の二重母音の /au/ は［ア］と［ウ］を1つの音として勢いよく［アゥ］のように発音しましょう。［ア］のほうを［ウ］よりも強く発音します。例えば、house は［ハ・ウ・ス］ではなく［**ハ**ゥス］、town は［タ・ウ・ン］ではなく［**タ**ゥン］のように、最初を強く発音しましょう。特に、flower（フラワー）、tower（タワー）、power（パワー）など、外来語には注意しましょう。それぞれ、［フ**ラ**ゥァ］［**タ**ゥァ］、［**パ**ゥァ］のように発音します。

STEP 1 まずは発音を聞いてみましょう。

[sáund] sound　　　　　[náu] now

[áut] out　　　　　　　[áuɚ] our

[láud] loud　　　　　　[fláuɚ] flower

STEP 2 次に音声のあとに続いて発音してみましょう。

r**ou**nd	d**ow**n	h**ou**se
s**ou**nd	**ou**t	n**ow**
c**ou**nt	s**ou**th	t**ow**n

STEP 3 /au/ の発音に気をつけながら、音声のあとに続いて英文を読んでみましょう。

What time is it now**?**
（今何時ですか。）

That sou**nds great!**
（それ、いいですね！）

I want a shopping mall in **our** **to**w**n.**
（私たちの街にショッピングモールがほしいです。）

Let's eat **ou**t **tonight.**
（今夜は外食しよう。）

/au/ の発音をする その他の単語

c**ow**　　cr**ow**d　　h**ow**　　b**ow**　　p**ow**er　　t**ow**er

UNIT 28
二重母音⑤ /ou/

home
[hóum]

発音してみましょう
［オ］と［ウ］を勢いよく［オゥ］。

正しい発音のためのアドバイス
例えば、日本語の「追う」は、［オ］と［ウ］を２つの音として同じくらいの強さで発音しますが、英語の二重母音の /ou/ は［オ］と［ウ］を同時にすばやく［オゥ］のように発音します。［オ］のほうを［ウ］よりも強く発音しましょう。特に、boat や coat など、日本語で「ボート」「コート」と伸ばす発音は、実際は［**ボ**ゥトゥ］［**コ**ゥトゥ］のようになります。Hello も［ハロー］ではなく［ハ**ロ**ゥ］です。

〈ミニマルペア〉

［オゥ］	［オー］＋［アー］
b<u>oa</u>t [bóut]（ボート）	b<u>ough</u>t [bɔ́ːt]（買った［buyの過去形］）

STEP 1 まずは発音を聞いてみましょう。

[helóu] hello　　　　　　[hóul] hole

[hóum] home　　　　　　[nóuz] nose

[kóuld] cold　　　　　　[réinbòu] rainbow

STEP 2 次に音声のあとに続いて発音してみましょう。

hello　　home　　low

boat　　cold　　rainbow

go　　donut　　nose

STEP 3 /ou/ の発音に気をつけながら、音声のあとに続いて英文を読んでみましょう。

Hello, everyone.
（みなさん、こんにちは。）

Let's go home.
（おうちへ帰ろう。）

I want to eat some donuts.
（ドーナツが食べたいです。）

How many colors are in a rainbow?
（虹にはいくつの色がありますか。）

/ou/ の発音をする その他の単語

coat　toe　bowl　role　goal　road

第3章 重要語句チェック

UNIT 24

eye 名 目
high 形 高い
night 名 夜
right 名 右
buy 動 買う
fine 形 すてきな
line 名 線、列
library 名 図書館
kind 形 親切な

UNIT25

game 名 ゲーム
grape 名 ブドウ
straight 形 まっすぐな
station 名 駅
name 名 名前
table 名 テーブル
face 名 顔
today 名 今日
favorite 形 お気に入りの

UNIT26

boy 名 男の子
toy 名 おもちゃ
coin 名 硬貨
point 名 点
enjoy 動 楽しむ

boil 動 ～を沸かす
join 動 加わる
oil 名 油
noisy 形 騒がしい

UNIT27

round 前 ～をひとまわりして
sound 動 ～に思われる
count 動 数える
down 前 ～の下へ
out 副 外へ
south 名 南
house 名 家
now 副 今
town 名 街

UNIT28

hello 間 こんにちは
boat 名 ボート
go 動 行く
home 名 家
cold 形 寒い
donut 名 ドーナツ
low 形 低い
rainbow 名 虹
nose 名 鼻

第3章 まとめと復習

音読して確認しましょう。

/ai/	［ア］と［イ］に分けずに、すばやく［アィ］と発音しましょう。
🗣 音読しよう▶▶	high line kind ice try

/ei/	かけ声をかけるときを思い出して［エィ］と発音しましょう。
🗣 音読しよう▶▶	grape game table eight safe

/ɔi/	口を丸めて友だちに呼びかけるときを思い出して［オィ］と発音しましょう。
🗣 音読しよう▶▶	boy enjoy join toilet avoid

/au/	日本語の「会う」の［ア］を強めに［アゥ］と発音しましょう。［ア］と［ウ］を1つの音として勢いよく発音することがポイントです。
🗣 音読しよう▶▶	sound out town power cow

/ou/	［オ］と［ウ］を勢いよく［オゥ］と発音しましょう。［オ］と［ウ］を同時にすばやく発音することがポイントです。
🗣 音読しよう▶▶	home rainbow toe goal road

発音みちくさ講座
③

アルファベットの音が
単語と同じ意味に

　英語には単語がアルファベット1文字の発音と同じものがあります。例えば、B は「ミツバチ」の bee と同じ発音です。子どもたちが単語を覚えていくときにアルファベットの発音を振り返ったり、文字と音の関連に気づいたりすることができます。

　英語圏では、アルファベットを使って、See you.（じゃあまた）を友だち同士の E メールで CU ［**スィーユー**］と書くことがあります。また、二重母音の I と O と U を使って IOU ［**アイオウユー**］と書くと、I owe you.（私はあなたにお金を借りている）と同じ発音になり、ビジネスでは「借用証書」という意味で使われています。

　英語と同様に、日本語も、例えば「て」が「手」と同じ発音であるように、ひらがな1文字の発音が意味をなす単語になることがありますね。子どもたちが英語を学びながら、母語である日本語を振り返る機会にもなります。

英語	日本語
B = bee（ミツバチ）	**え**＝絵
C = sea（海）	**か**＝蚊
I = eye（目）	**き**＝木
O = owe（［お金を］借りている）	**て**＝手
P = pea（エンドウ豆）	**は**＝歯
T = tea（紅茶）	**ひ**＝火
U = you（あなた）	**め**＝目

第4章

これだけで大丈夫！
子音編

発音の基本となる24個の子音です。イラストも参考にして発音のコツをつかみましょう。

UNIT 29

子音⑨ /p/   push [púʃ]

発音してみましょう

口から息を「プーッ」と押し出す感じ。

正しい発音のためのアドバイス

両唇を合わせる日本語のパ行の音に似ていますが、英語は日本語よりも息が強く出ます。例えば、push（押す）は、その意味の通り、息を前に「プーッ」と押し出しながら発音します。apple や happy のように、p 音が語中にある場合は、息の出方が少しだけ弱くなります。cup や stop のように p 音が語尾にくる場合は、息はほとんど出さず、聞こえないときもあります。

STEP 1 まずは発音を聞いてみましょう。

[píg] pig

[píktʃər] picture

[píŋk] pink

[hǽpi] happy

[kʌ́p] cup

[ʃíp] ship

STEP 2 次に音声のあとに続いて発音してみましょう。

push	happy	cup
park	apple	up
picture	sport	stop

STEP 3 /p/ の発音に気をつけながら、音声のあとに続いて英文を読んでみましょう。

Push the door open.
（ドアを押して開けてください。）

Could you take my picture?
（写真を撮ってくださいませんか。）

What sports do you like?
（何のスポーツが好きですか。）

What time do you usually get up?
（たいてい何時に起きますか。）

/p/ の発音をする その他の単語

pull　pool　speak　spoon　Japan　shop　map

UNIT 30
子音⑩ /b/ — book [búk]

発音してみましょう
口から息を「バッ」と押し出す感じ。

正しい発音のためのアドバイス
子音⑨ /p/ の有声音です。口の形や舌の位置は /p/ と同じです。両唇を合わせる日本語のバ行の音に似ていますが、英語は［バッ］とか［ブッ］のように日本語よりも息を勢いよく出しましょう。例えば、カタカナ語の「バ・ス」(bus) や「ブッ・ク」(book) は、ひとつひとつをはっきり発音しますが、英語では［**バ**ス］［**ブ**ック］のように、最初の b 音を勢いよく発音しましょう。

〈ミニマルペア〉

勢いよく［ビ］	勢いよく［ピ］
big [bíg]（大きい）	pig [píg]（ブタ）

STEP 1 まずは発音を聞いてみましょう。

[bǽg] bag

[bréd] bread

[búk] book

[blúː] blue

[bést] best

[bóut] boat

STEP 2 次に音声のあとに続いて発音してみましょう。

bag	**big**	**bread**
bee	**best**	**blue**
book	**back**	**black**

STEP 3 /b/ の発音に気をつけながら、音声のあとに続いて英文を読んでみましょう。

Beth has a nice brown bag.
（ベスはすてきな茶色のバッグを持っています。）

We took a bus to go to the museum.
（バスに乗って博物館に行きました。）

Please open your books to page eleven.
（11ページを開けてください。）

My brother gave me a big blue balloon.
（兄が大きな青い風船をくれました。）

/b/ の発音をする その他の単語

bed   baby   bad   baseball   basketball   brush

第4章

UNIT 31
子音⑪ /t/ time [táim]

発音してみましょう

日本語の［タ］よりも息を強く出して［ツァ］に近く。

正しい発音のためのアドバイス

舌を上の歯茎にしっかりつけて息を出すときにすばやく離しましょう。英語の t 音は日本語のタ行の音と比べると、息がかなり強く出ます。［ツァ］は少し言い過ぎかもしれませんが、**time** も［タイム］ではなく［**ツァ**イム］のような感覚で、付属のCDをよく聞きながら発音してみてください。**stay**（泊まる）や **store**（店）のように t 音が語中にくる場合は、息が少しだけ弱くなります。**quiet**（静かな）のように t 音が語尾にくる場合は、［ク**ワ**イエッ］のように、最後の t はほとんど聞こえないこともあります。

STEP 1 まずは発音を聞いてみましょう。

[táim] time　　　　　[kǽt] cat

[tɔ́ːk] talk　　　　　[kwáiət] quiet

[ténəs] tennis　　　　[pét] pet

STEP 2 次に音声のあとに続いて発音してみましょう。

time	tennis	cat
take	stay	sit
taste	store	quiet

STEP 3 /t/ の発音に気をつけながら、音声のあとに続いて英文を読んでみましょう。

Do you have time to talk with me now?
（今お話しする時間がありますか。）

How does it taste?
（味はどうですか。）

Please clean the table.
（テーブルをきれいにしてください。）

Quiet, please.
（静かにしてください。）

/t/ の発音をする その他の単語

top　tall　ticket　tell　sweet　repeat

UNIT 32
子音⑫ /d/ desk [désk]

発音してみましょう
日本語の［ダ］よりも息を強く前に押し出します。

正しい発音のためのアドバイス
子音 /t/ の有声音です。口の形や舌の位置は /t/ と同じです。日本語のダ行の音とよく似ていますが、英語の /d/ は日本語よりも息を強く出します。手のひらを口の前にかざして、［ドゥ］と息が強く手のひらに感じられるように練習しましょう。red や bed のように、d 音が語尾にくる場合は、息は強く出しません。

〈ミニマルペア〉

勢いよく［ダ］　　　　　　勢いよく［タ］
down [dáun]（下に）　　 town [táun]（街）

STEP 1 まずは発音を聞いてみましょう。

[déi] day

[désk] desk

[dɑg] dog

[ríːd] read

[béd] bed

[gúd] good

STEP 2 次に音声のあとに続いて発音してみましょう。

day　　　　**dog**　　　　**red**

desk　　　**dinner**　　　**read**

doll　　**daughter**　　**good**

STEP 3 /d/ の発音に気をつけながら、音声のあとに続いて英文を読んでみましょう。

I walk my dog every day.
（私は毎日犬を散歩に連れていきます。）

What's for dinner?
（晩ごはんは何？）

You are a good swimmer.
（泳ぎが上手ですね。）

I usually go to bed at ten.
（私はたいてい10時に寝ます。）

/d/ の発音をする その他の単語

dance　deep　diet　sidewalk　hand　send

UNIT 33 子音⑬ /k/ — kick [kík]

発音してみましょう

日本語の「キック」よりも勢いよくボールを［キィーック］。

正しい発音のためのアドバイス

日本語の［キ］よりも息を強く出して、［キ］と［イ］を同時に［キィ］のように発音します。舌を口の奥に引き、舌のつけ根のほうが口の上方の柔らかい歯茎（軟口蓋）に触れたあと、息を［キィ］と出しながら瞬間的に離します。skate（スケートをする）や sky（空）などのように k 音が語中にくる場合は、息が少し弱くなります。back（後ろ）や luck（運）のように、k 音が語尾にくる場合は、息は強く出しません。文字は k 以外に cold のような c、school のような ch の場合もあります。

STEP 1 まずは発音を聞いてみましょう。

[kík] kick

[skúːl] school

[káind] kind

[bǽk] back

[kóuld] cold

[lʌ́k] luck

STEP 2 次に音声のあとに続いて発音してみましょう。

kick	cold	back
coat	skate	luck
catch	school	headache

STEP 3 /k/ の発音に気をつけながら、音声のあとに続いて英文を読んでみましょう。

What kind of food would you like?
（どんな食べ物がいいですか。）

I want something cold to drink.
（何か冷たい飲み物がほしいです。）

This is today's class schedule.
（これが今日の時間割です。）

Do you have a headache?
（頭が痛いですか。）

/k/ の発音をする その他の単語

key　cool　color　cap　work　ask

UNIT 34
子音⑭ /g/ — get [gét]

発音してみましょう
嫌なものを見て思わず［ゲッ］。

正しい発音のためのアドバイス
子音⑬ /k/ の有声音です。口の形や舌の位置は /k/ と同じです。英語の g 音は、日本語のガ行の音とほぼ同じですが、日本語の「元気（げんき）」の［ゲ］よりも［ゲ］と息を強く出しましょう。ただし、bag（袋）や big（大きい）のように、g 音が語尾にくる場合は、息は強く出さないようにしましょう。

〈ミニマルペア〉

勢いよく［ゴ］
gold [góuld]（金）

勢いよく［コ］
cold [kóuld]（寒い）

STEP 1 まずは発音を聞いてみましょう。

[géim] game

[əgén] again

[gív] give

[bǽg] bag

[gúd] good

[bíg] big

STEP 2 次に音声のあとに続いて発音してみましょう。

get	kangaroo	bag
give	finger	leg
girl	again	big

STEP 3 /g/ の発音に気をつけながら、音声のあとに続いて英文を読んでみましょう。

Good for you.
（よく頑張ったね。）

Don't give up.
（あきらめないで。）

What's today's goal?
（今日のめあては何ですか。）

Look at that big dog.
（あの大きい犬を見て。）

/g/ の発音をする その他の単語

gate guide gift glue glad flag

101

UNIT 35
子音⑮ /s/　seven [sévn]

発音してみましょう
窓のすき間から風が［スッ］。

正しい発音のためのアドバイス
　日本語のサ行の音とほぼ同じですが、英語の s 音は、上の歯と舌の間から風が吹くように［スッ］と息を強めに出しましょう。start（始める）や sleep（眠る）のように、s 音の後ろに子音がくる場合は、s 音の後ろに母音の /u/ を入れて [su] にならないようにしましょう。また、pass（通り過ぎる）や rice（米）のように、s 音が語尾にくる場合は、息は強く出しません。その場合、日本人は pass を [pa·su]、rice を [ra·i·su] のように、/s/ の後ろに母音 /u/ を入れがちです。語尾は /s/ の音だけなので注意しましょう。

STEP 1 まずは発音を聞いてみましょう。

[sévn] seven   [fə́ːrst] first

[stʌ́di] study   [ráis] rice

[skái] sky   [dǽns] dance

 STEP 2 次に音声のあとに続いて発音してみましょう。

<u>s</u>and	<u>s</u>tudy	ri<u>ce</u>
<u>s</u>even	<u>s</u>ky	pa<u>ss</u>
<u>s</u>ubject	<u>s</u>tand	dan<u>ce</u>

 STEP 3 /s/ の発音に気をつけながら、音声のあとに続いて英文を読んでみましょう。

What <u>s</u>ubject do you like?
（何の教科が好きですか。）

I enjoy <u>s</u>tudying <u>s</u>cien<u>ce</u>.
（理科を勉強するのは楽しいです。）

Please pa<u>ss</u> out these book<u>s</u>.
（これらの本を配ってください。）

We dan<u>c</u>ed on the <u>s</u>tage.
（私たちはステージで踊りました。）

/s/ の発音をする その他の単語

<u>s</u>tar <u>s</u>tay <u>s</u>low <u>s</u>ki <u>s</u>ay breakfa<u>s</u>t ca<u>se</u>

UNIT 36
子音⑯ /z/

発音してみましょう
「世界地図（せかいちず）」の［ズ］。

正しい発音のためのアドバイス

　子音⑮ /s/ の有声音です。口の形や舌の位置は /s/ と同じです。/z/ の発音は、/zi/ と /zi:/ について第 1 章でも部分的に取り上げましたが、日本語のザ行の音とほぼ同じですが、息を強めに出しましょう。shoes や size のように z 音が語尾にきたとき、カタカナ語では［シューズ］［サイズ］と言うので、英語で話すときも、最後の z 音に /u/ をつけて［shuzu］［saizu］と発音しがちですので注意しましょう。

〈ミニマルペア〉

舌を上の歯茎につけず［ズ］	すき間風のように［ス］
rise [ráiz]（上る）	rice [ráis]（米）

STEP 1 まずは発音を聞いてみましょう。

[zíərou] zero   [ráiz] rise

[zúː] zoo   [húːz] whose

[zóun] zone   [klóuz] close

 STEP 2 次に音声のあとに続いて発音してみましょう。

zebra	zone	rise
zero	because	size
zoo	shoes	close

 STEP 3 /z/ の発音に気をつけながら、音声のあとに続いて英文を読んでみましょう。

We went to the zoo to see zebras.
（私たちはシマウマを見に動物園に行きました。）

Please take off your shoes.
（靴を脱いでください。）

Let me close the door for you.
（ドアをお閉めしましょう。）

Whose book is this?
（これは誰の本ですか。）

/z/ の発音をする その他の単語

zigzag   design   dessert   lose   rose   quiz

UNIT 37
子音⑰ /tʃ/　change [tʃéindʒ]

発音してみましょう
物事が自分の思い通りにいかなくて［チェッ］。

正しい発音のためのアドバイス
日本語のチャ行の音とほぼ同じですが、日本語よりも息を強く出しましょう。check は［チェック］でななく［**チェ**ック］、change は［チェンジ］ではなく［**チェ**インヂ］のように［チェ］を強く発音します。watch や teach のように、/tʃ/ の音が語尾にくる場合は、息は強く出しません。また、語尾の ch を発音するとき、その後ろに母音 /i/ の音を入れて日本語の「チ（chi）」のようにならないように注意しましょう。

STEP 1 まずは発音を聞いてみましょう。

[tʃéindʒ] change

[mʌ́tʃ] much

[tʃúːz] choose

[wátʃ] watch

[tʃə́ːrtʃ] church

[kǽtʃ] catch

STEP 2 次に音声のあとに続いて発音してみましょう。

change **check** **catch**

chicken **church** **teach**

choose **China** **beach**

STEP 3 /tʃ/ の発音に気をつけながら、音声のあとに続いて英文を読んでみましょう。

Please check your answers.
（自分の答えを確認してください。）

Change trains at the next station.
（次の駅で電車を乗り換えてください。）

I sometimes watch a soccer game on TV.
（ときどきテレビでサッカーの試合を見ます。）

I went to the beach during the summer vacation.
（夏休みに海に行きました。）

/tʃ/ の発音をする その他の単語

child cherry chalk kitchen question switch

107

UNIT 38 子音⑱ /dʒ/ jacket [dʒǽkit]

じゃ、またねー！

発音してみましょう

お別れのときの「じゃあ」の［ヂャ］。

正しい発音のためのアドバイス

子音⑰ /tʃ/ の有声音です。口の形や舌の位置は /tʃ/ と同じです。日本語の［ヂ］とほぼ同じですが、舌を上の歯茎につけるのがポイントです。舌を上の歯茎から離すとき、日本語よりも息が勢いよく出ます。例えば、jump は［**ヂャ**ンプ］と［**ヂャ**］を強く発音しましょう。bridge や age のように、/dʒ/ の音が語尾にくる場合は、［ブ**リッ**ヂ］［**エ**イヂ］のように、/dʒ/ は強く発音しません。

〈ミニマルペア〉

舌を上の歯茎につけて［ヂャ］	舌を上の歯茎につけて［チャ］
junk [dʒʌ́ŋk]（がらくた）	chunk [tʃʌ́ŋk]（かたまり）

STEP 1 まずは発音を聞いてみましょう。

[dʒǽkit] jacket

[éidʒ] age

[dʒúːs] juice

[tʃéindʒ] change

[dʒʌ́mp] jump

[hjúːdʒ] huge

STEP 2 次に音声のあとに続いて発音してみましょう。

jacket	job	bridge
just	jump	age
juice	Japan	knowledge

STEP 3 /dʒ/ の発音に気をつけながら、音声のあとに続いて英文を読んでみましょう。

I'd like to have some orange juice.
(オレンジジュースがほしいです。)

Your jacket looks nice.
(あなたのジャケット、すてきですね。)

We're the same age.
(私たちは同い年です。)

We crossed the long bridge.
(私たちは長い橋を渡りました。)

/dʒ/ の発音をする その他の単語

gentle   ginger   Germany   joke   engine   subject

UNIT 39 子音⑲ /ʃ/ — short [ʃɔːrt]

発音してみましょう

人差し指を唇に当てて「しーっ！静かに！」と言うときの［シー］。

正しい発音のためのアドバイス

日本語の［シ］によく似ていますが、英語の /ʃ/ は、日本語で［シ］と発音するときよりも舌が上方に上がり、息を鋭く強く出します。shoes や show など、sh でつづられる部分はほとんどがこの発音になります。station や information などの tion も /ʃ/ の発音になります。［ション］ではなく［シュン］に近い発音になり、息はあまり強く出しません。また、push（押す）や dish（皿、料理）のように、ʃ音が語尾にある場合も、息は弱めに出しましょう。

STEP 1 まずは発音を聞いてみましょう。

[ʃɔːrt] short　　　　　[pəzíʃən] position

[ʃíp] ship　　　　　　[púʃ] push

[stéiʃən] station　　　[kǽʃ] cash

STEP 2 次に音声のあとに続いて発音してみましょう。

she	ship	station
shoes	sheet	dish
short	show	fish

STEP 3 /ʃ/ の発音に気をつけながら、音声のあとに続いて英文を読んでみましょう。

She can speak Spanish.
（彼女はスペイン語を話せます。）

Can you show me another one?
（ほかのを見せてもらえませんか。）

I'll wash the dishes.
（私がお皿を洗います。）

I went fishing with my friends.
（友だちと釣りに行きました。）

/ʃ/ の発音をする その他の単語

shade　sure　information　ocean　wish　cash

UNIT 40
子音⑳ /ʒ/　pleasure [pléʒər]

発音してみましょう

「習字（しゅうじ）」の［ジ］。

正しい発音のためのアドバイス

　子音⑲ /ʃ/ の有声音です。口の形や舌の位置は /ʃ/ と同じです。子音⑱ /dʒ/ と間違いやすいので注意しましょう。/dʒ/ は舌を上の歯茎につけますが、/ʒ/ は舌を上の歯茎につけずに発音しましょう。英語では、/ʒ/ の発音は pleasure（楽しみ）や television（テレビ）のように語中に出てきます。jacket（上着）や Japan（日本）など、［ジ］の音が語頭にある場合は、ʒ 音ではなく、舌を上の歯茎につける dʒ 音になります。

STEP 1 まずは発音を聞いてみましょう。

[pléʒər] pleasure   [líːʒər] leisure

[méʒər] measure   [téləvìʒən] television

[tréʒər] treasure   [éiʒə] Asia

STEP 2 次に音声のあとに続いて発音してみましょう。

pleasure   leisure   usually

measure   television   casual

treasure   Asia   vision

STEP 3 /ʒ/ の発音に気をつけながら、音声のあとに続いて英文を読んでみましょう。

My pleasure.
（どういたしまして。）

I saw a baseball game on television last night.
（昨夜テレビで野球の試合を見ました。）

My friends are my treasure.
（私の友だちは私の宝物です。）

Many people visit Asian countries.
（多くの人たちがアジアの国々を訪れます。）

/ʒ/ の発音をする その他の単語

decision   confusion   equation   closure

UNIT 41
子音㉑ /ts/　cats [kǽts]

発音してみましょう
「喝（かーつ）！」の［ツ］。

正しい発音のためのアドバイス
　日本語の［ツ］は、「ひとつ」「ふたつ」の［ツ（tsu）］のように、/ts/ の後ろに母音の /u/ が発音されますが、英語では /ts/ という子音の発音だけです。気づきにくいかもしれませんが、日本語でも、「喝！」と言うときの［ツ］は、/u/ が発音されないので、英語の /ts/ の音と似ています。/ts/ の発音は cats や let's など、語尾によく現れます。教室で気づくことですが、例えば、What's this?（これは何ですか）［ホワッツディス］と言う場合に、What this?［ホワッディス］と［ツ］が抜け落ちてしまうことがよくあるようなのでご注意を。

STEP 1 まずは発音を聞いてみましょう。

[kæts] cats

[tésts] tests

[pákəts] pockets

[spɔ́ːrts] sports

[búːts] boots

[frúːts] fruits

STEP 2 次に音声のあとに続いて発音してみましょう。

cats	pockets	jackets
tests	T-shirts	fruits
let's	sports	boots

STEP 3 /ts/ の発音に気をつけながら、音声のあとに続いて英文を読んでみましょう。

Let's play card games.
（カードゲームをしましょう。）

I bought some T-shirts yesterday.
（昨日Tシャツを買いました。）

It's so cold outside.
（外はとても寒いです。）

Take good care of your cats.
（ちゃんと猫の世話をしなさい。）

/ts/ の発音をする その他の単語

pets　hats　ants　boats　apartments　pizza

UNIT 42
子音㉒ /ds/ beds [bédz]

発音してみましょう
「ポン酢（ず）」の［ズ］。

正しい発音のためのアドバイス
　子音㉑ /ts/ の有声音です。口の形や舌の位置は /ts/ と同じです。日本語で［ス］と言うときには、舌先が上の歯茎に触れませんが、［ツ］と言うときには、舌先が上の歯茎に触れます。英語の /ds/ は、舌先を上の歯茎につけながら［ヅ］のように発音しましょう。日本語で「ポン酢」と言うときには、ふりがなは「ぽんず」と書きますが、実際の発音は舌先が上の歯茎に触れるので、［ズ］ではなく［ヅ］になります。

STEP 1 まずは発音を聞いてみましょう。

[bédz] beds   [bíːdz] beads

[káːrdz] cards   [hédz] heads

[gúdz] goods   [síːdz] seeds

STEP 2 次に音声のあとに続いて発音してみましょう。

beds	roads	clouds
hands	goods	heads
cards	beads	seeds

STEP 3 /ds/ の発音に気をつけながら、音声のあとに続いて英文を読んでみましょう。

Please pick three cards.
(カードを3枚取ってください。)

Wash your hands before you eat.
(食べる前に手を洗いなさい。)

We'd like a room with two beds.
(ベッドが2つある部屋をお願いします。)

We can see rain clouds in the sky.
(空に雨雲が見えます。)

/ds/ の発音をする その他の単語

sides   aids   rides   lands   foods   friends

UNIT 43
子音㉓ /m/ — moon [múːn]

発音してみましょう
「絶対ムリ！」の［ム］。

正しい発音のためのアドバイス
　　日本語のマ行の音のように、上下の唇をしっかり合わせたあと、息をしっかり出しましょう。moon［**ム**ーン］や money［**マ**ニー］のように /m/ の後ろにアクセントがある母音が続く場合は、唇を離すと同時に日本語よりも息を勢いよく出します。come や room のように m 音が語尾にくる場合は、日本語のように /m/ の後ろに母音をつけて [mu] とせず、口を閉じたまま鼻から息を出しましょう。

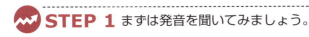

STEP 1 まずは発音を聞いてみましょう。

[mʌ́ni] money   [ǽnəməl] animal

[méni] many   [hóum] home

[kəmpjúːtər] computer   [géim] game

STEP 2 次に音声のあとに続いて発音してみましょう。

money   computer   home

many   animal   come

make   communication   game

STEP 3 /m/ の発音に気をつけながら、音声のあとに続いて英文を読んでみましょう。

I made many friends.
（友だちがたくさんできました。）

Thank you very much for the information.
（情報をどうもありがとうございます。）

My children usually come home at six.
（私の子どもたちはたいてい6時に家に帰ってきます。）

Computer games are a lot of fun.
（コンピューターゲームはとても楽しいです。）

/m/ の発音をする その他の単語

me   meet   monkey   melon   room   same   name

UNIT 44
子音㉔ /n/ noon [núːn]

発音してみましょう

「ぬーっと現れる」の［ヌ］。

正しい発音のためのアドバイス

　日本語のナ行の音のように、舌先を上の前歯の裏側に当てます。noon［**ヌ**ーン］やnice［**ナ**イス］など、n音の後ろにアクセントのある母音が続く場合は、舌先を上の前歯の裏側から下方に離し、勢いよく息を出します。turnやJapanのようにn音で終わる場合は、舌先を上の前歯の裏側から下方に離し、息は勢いよく出さず、軽い吐息になります。または、舌先は上の前歯の裏側につけたままでもかまいません。日本語の「ペン（pen）」「スプーン（spoon）」「プラン（plan）」のような外来語は、最後の［ン］を、舌先を上の前歯の裏につけずに発音するので要注意です。英語では舌先をしっかり上の前歯の裏につけましょう。

STEP 1 まずは発音を聞いてみましょう。

[núːn] noon   [sékənd] second

[néim] name   [kǽn] can

[nóu] know   [fʌ́n] fun

 STEP 2 次に音声のあとに続いて発音してみましょう。

noon	**and**	**can**
name	**paint**	**run**
know	**second**	**fun**

STEP 3 /n/ の発音に気をつけながら、音声のあとに続いて英文を読んでみましょう。

How do you spell your name?
（あなたの名前はどうつづるのですか。）

Do you know his phone number?
（彼の電話番号を知っていますか。）

Can I see you tomorrow afternoon?
（明日の午後、あなたに会えますか。）

It's almost ten.
（もうすぐ10時です。）

/n/ の発音をする その他の単語

nice now man badminton fine turn plan

UNIT 45
子音㉕ /ŋ/　song [sɔ́(ː)ŋ]

発音してみましょう
牛タンの［ン］。

正しい発音のためのアドバイス
　song や young のように ng で終わる語は特に［ソング］［ヤング］のように最後の［グ］は発音しません。舌先を上の前歯の裏側につける /n/ とは違い、/ŋ/ は舌先を上の前歯の裏側にはつけず、鼻から［ン］と息が抜けます。「牛タン」の「タン（舌）」は tongue とつづりますが、［タング］とは発音しませんね。それと同じです。Hong Kong も［ホング コング］ではなく［**ホンコン**］と発音するように、他の ng で終わる語も鼻から抜ける［ン］で練習してみましょう。「英語の本」の「本」の［ン］や「100円」の「円」の［ン］を発音するときには、舌先が上の前歯にはつかないので、それと同じ感じで発音してみましょう。

STEP 1 まずは発音を聞いてみましょう。

[só(ː)ŋ] song

[mɔ́ːrniŋ] morning

[jʌ́ŋ] young

[skéitiŋ] skating

[lɑ́ːŋ] long

[tʌ́ŋ] tongue

STEP 2 次に音声のあとに続いて発音してみましょう。

song　　**king**　　**skating**

young　　**reading**　　**running**

long　　**morning**　　**swimming**

STEP 3 /ŋ/ の発音に気をつけながら、音声のあとに続いて英文を読んでみましょう。

Good morning.
（おはようございます。）

What's your favorite song?
（あなたの好きな曲は何ですか。）

I'm good at ice skating.
（私はアイススケートが得意です。）

We went shopping last weekend.
（私たちは先週末買い物に行きました。）

/ŋ/ の発音をする その他の単語

ring　sing　dancing　skiing　hiking　fishing

第4章

123

UNIT 46
子音㉖ /h/ — high [hái]

発音してみましょう

寒いときに手に息を吹きかけ［ハーッ］。

正しい発音のためのアドバイス

　日本語のハ行の音に似ていますが、少しだけ異なる点は、英語は喉の奥から［ハ］［ヒ］［フ］と勢いよく息を出すことです。例えば、high は［ハイ］、how は［ハウ］のように、h 音を喉の奥から強く発音してみましょう。who は日本語の［フ］よりも唇を丸めてとがらせて［フー］と息を強く出します。「（防寒用などにかぶる）フード」の hood と「シーフード」の food は、日本語ではどちらも［フード］と発音しますので、h 音（喉の奥から出される摩擦音）と f 音（上の歯と下唇の摩擦音）を混同しないように注意しましょう。

STEP 1 まずは発音を聞いてみましょう。

[háus] house　　　　　　[hínt] hint

[háu] how　　　　　　　[hélp] help

[hʌ́ŋgri] hungry　　　　　[hát] hot

STEP 2 次に音声のあとに続いて発音してみましょう。

<u>h</u>ouse　　　　<u>h</u>ungry　　　<u>wh</u>o

<u>h</u>ow　　　　　<u>h</u>int　　　　<u>h</u>ospital

<u>h</u>igh　　　　 <u>h</u>elp　　　　<u>h</u>ot

STEP 3 /h/ の発音に気をつけながら、音声のあとに続いて英文を読んでみましょう。

How long did you stay in Hawaii?
（ハワイにはどのくらい滞在しましたか。）

Who is he?
（彼は誰ですか。）

I'm so hungry because I didn't eat breakfast.
（朝ごはんを食べなかったので、とてもお腹が減っています。）

I went to the hospital yesterday.
（私は昨日病院に行きました。）

/h/ の発音をする その他の単語

<u>h</u>at　<u>h</u>ill　<u>h</u>it　<u>h</u>ole　<u>h</u>all　<u>h</u>ead　<u>h</u>ear

125

UNIT 47
子音㉗ /w/ — weekend [wíːkènd]

発音してみましょう

［ウ］と［イ］を同時に［ウィ］。

正しい発音のためのアドバイス

/w/ は唇を緊張させ丸めて発音します。window（窓）のように、/w/ の直後に母音がある場合は、［ウインドー］ではなく［**ウィ**ンドウ］のように、/w/ と次の母音を同時にすばやく発音しましょう。「ウイークエンド (weekend)」や「スイミング (swimming)」のような外来語は、日本語では /w/ の音を入れずに［ウ］や［イ］という母音で発音しますが、実際は［**ウィ**ーケン（ドゥ）］、［ス**ウィ**ミン］のように［ウ］と［イ］を同時にすばやく発音するので注意しましょう。woman や wood も母音の［ウ］ではなく唇を丸めてとがらせて発音しましょう。

STEP 1 まずは発音を聞いてみましょう。

[wíndou] window　　[wúmən] woman

[wíːkènd] weekend　　[wúd] wood

[twélv] twelve　　[twénti] twenty

STEP 2 次に音声のあとに続いて発音してみましょう。

windy	woman	sweet
window	wood	twelve
weekend	swimming	twenty

STEP 3 /w/ の発音に気をつけながら、音声のあとに続いて英文を読んでみましょう。

Could you open the window for me?
(窓を開けてもらえませんか。)

My sister is twelve years old.
(私の姉は12歳です。)

We went to the beach and enjoyed swimming.
(私たちは海に行って泳いで楽しかったです。)

This table is made of wood.
(このテーブルは木でできています。)

/w/ の発音をする その他の単語

well　wonderful　wolf　wool　one　twin

UNIT 48 子音㉘ /kw/

question [kwéstʃən]

発音してみましょう

[クエ]じゃなく、すばやく[クウェ]。

正しい発音のためのアドバイス

つづりにwの文字がなくても、k音のあとにw音が発音される場合があります。例えば、quiet（静かな）は[kwáiət]と/w/の音が入ります。questionは[クエスチョン]と発音しがちですが、[クエ]ではなくk音の直後にすばやくw音を入れて[ク**ウェ**スチュン]のように発音しましょう。特に、外来語の「クイズ（quiz）」や「クイック（quick）」などは、それぞれ[ク**ウィ**ズ][ク**ウィ**ック]のように発音するので要注意です。

STEP 1 まずは発音を聞いてみましょう。

[kwík] quick　　　　　　　[skwéər] square

[kwíz] quiz　　　　　　　[kwáiət] quiet

[kwéstʃən] question　　　[əkwéəriəm] aquarium

STEP 2 次に音声のあとに続いて発音してみましょう。

quiet	quiz	aquarium
question	quarter	equal
quick	square	squirrel

STEP 3 /kw/ の発音に気をつけながら、音声のあとに続いて英文を読んでみましょう。

Do you have any questions?
（何か質問はありませんか。）

Now, it's time for a quiz.
（さあ、クイズの時間です。）

There's no quick and easy way.
（速くて簡単な方法はありません。）

We went to an aquarium to see dolphins.
（イルカを見に水族館に行きました。）

/kw/ の発音をする その他の単語

quit　quite　queen　quality　squeeze　equator

UNIT 49

子音㉙ /j/ — yellow [jélou]

発音してみましょう

盛り上げるときに叫ぶ「イェイ！」の［イェ］。

正しい発音のためのアドバイス

　発音記号では /j/ ですが、日本語のヤ行の音に似た発音です。日本語は ya（ヤ）、yu（ユ）、yo（ヨ）だけですが、英語には yi（イィ）と ye（イェ）の音もあります。例えば、yellow を［イエロー］、yesterday を［イエスタデー］のように、ye を母音の［イ］のように発音しないように注意しましょう。舌の奥を上の歯茎のほうに近づけながら、y と e を同時にすばやく［イェ］と発音しましょう。year（年）も［イヤー］のように ye を母音の［イ］で発音すると ear（耳）に聞こえてしまいます。舌の奥を上の歯茎のほうに近づけ、［イィ］のように発音してみましょう。music の u や view の iew などもこの音です。

STEP 1 まずは発音を聞いてみましょう。

[jés] yes　　　　　　　[júː] you

[jéstərdei] yesterday　　[mjúːzik] music

[jíər] year　　　　　　[kjúːt] cute

STEP 2 次に音声のあとに続いて発音してみましょう。

yes	yen	music
yellow	year	view
yesterday	you	cute

STEP 3 /j/ の発音に気をつけながら、音声のあとに続いて英文を読んでみましょう。

What did you do yesterday?
（昨日は何をしましたか。）

Please stand behind the yellow line.
（黄色い線の内側までお下がりください。）

You'll see a hundred yen store on your right.
（右側に100円ショップがありますよ。）

I visited New York two years ago.
（私は2年前にニューヨークを訪れました。）

/j/ の発音をする その他の単語

yard　young　yacht　yet　yell　uniform

UNIT 50
子音㉚ /tr/

try
[trái]

発音してみましょう

/t/ と /r/ を同時にすばやく［トゥル］。

正しい発音のためのアドバイス

　日本語は ka・ki・ku・ke・ko のように、基本的には子音＋母音の連なりです。それに対して、英語には /tr/ のように子音がつながる場合があります。このような子音の連結を音声学では「クラスター（consonant cluster）」と言いますが、/tr/ を 1 つの音のかたまりとして捉えます。try は［トライ］のように /t/ と /r/ の間に子音 /o/ を入れて［ト］にならないように、［トゥ**ライ**］と［チュ**ライ**］の間くらいですばやく発音してみましょう。

STEP 1 まずは発音を聞いてみましょう。

[trái] try

[tríː] tree

[tríp] trip

[kʌ́ntri] country

[strɔ́ːbèri] strawberry

[tríːt] street

STEP 2 次に音声のあとに続いて発音してみましょう。

try　　　**trip**　　　**straight**

tree　　　**truck**　　　**strawberry**

triangle　　**country**　　**street**

STEP 3 /tr/ の発音に気をつけながら、音声のあとに続いて英文を読んでみましょう。

Nice try.
（惜しい。）

We went on a field trip to the fish market.
（私たちは社会科見学で魚市場に行きました。）

Go straight and turn left at the next traffic light.
（まっすぐ行って次の信号を左に曲がってください。）

What country would you like to visit?
（どの国に行ってみたいですか。）

/tr/ の発音をする その他の単語

travel　track　true　strong　entrance　astronaut

UNIT 51 子音㉛ /dr/

dream
[drí:m]

発音してみましょう

/d/ と /r/ を同時にすばやく［ドゥル］。

正しい発音のためのアドバイス

/tr/ 同様に /d/ と /r/ を分けずに /dr/ を同時にすばやく発音しましょう。例えば、**dream** は［ドリーム］のように /d/ と /r/ の間に母音の /o/ を入れて［ド］とならないように注意しましょう。［ドゥ**リ**ーム］と［ジュ**リ**ーム］の間くらいの音で発音します。特に外来語の「ドリンク（**drink**）」や「ドライブ（**drive**）」は日本語の発音と区別して練習しましょう。

STEP 1 まずは発音を聞いてみましょう。

[drái] dry   [dráiv] drive

[dríŋk] drink   [drá:mə] drama

[drí:m] dream   [lɔ́:ndri] laundry

STEP 2 次に音声のあとに続いて発音してみましょう。

dry	draw	drama
drink	drive	hairdresser
dream	drop	laundry

STEP 3 /dr/ の発音に気をつけながら、音声のあとに続いて英文を読んでみましょう。

What is your dream?
（あなたの夢は何ですか。）

I want to be a hairdresser.
（私は美容師になりたいです。）

What would you like to drink?
（何を飲みたいですか。）

I do the laundry every Sunday.
（毎週日曜日に洗濯をします。）

/dr/ の発音をする その他の単語

dress   drum   drugstore   draft   drain   hundred

UNIT 52 子音㉜ /t/音の変化

little
[lítl]

little
リロォ

発音してみましょう
日本語の「ラ行」や「ダ行」のような音。

正しい発音のためのアドバイス
　/t/ の音節にアクセントがない場合、/t/ をはっきり発音せず、「ラ行」や「ダ行」のような音になることがあります。このような音を音声学では「フラップ（flap）」と言いますが、例えば、little を [**リ**ロォ] または [**リ**ドォ]、forty を [**フォ**ーリー] または [**フォ**ーディー] のように発音します。ただし、fourteen のように /t/ の音節にアクセントがある場合は、[フォー**リ**ーン] とせず [フォー**ティ**ーン] と、/t/ の音をはっきりと発音しましょう。

STEP 1 まずは発音を聞いてみましょう。

[lítl] little

[létər] letter

[fɔ́ːrti] forty

[bítər] bitter

[bétər] better

[bjúːtəfl] beautiful

STEP 2 次に音声のあとに続いて発音してみましょう。

li**tt**le	wa**t**er	bi**tt**er
par**t**y	be**tt**er	bea**t**iful
for**t**y	le**tt**er	compu**t**er

STEP 3 /t/ の発音に気をつけながら、音声のあとに続いて英文を読んでみましょう。

Just a litt**le.**
（ほんの少しだけ。）

Can I have some more wat**er, please?**
（もう少しお水をいただけませんか。）

We're going to have a part**y this coming Friday.**
（今度の金曜日にパーティーを開きます。）

It's a beaut**iful day today.**
（今日は天気がいいですね。）

/t/ の発音をする その他の単語

thirt**y hospi**t**al ci**t**y universi**t**y pre**tt**y**

137

第4章 重要語句チェック

UNIT 29

push 動 押す
park 名 公園
picture 名 写真、絵
happy 形 うれしい
apple 名 りんご
sport 名 スポーツ
cup 名 茶碗
up 前 起きて、〜の上へ
stop 動 やめる

UNIT 30

bag 名 バッグ
bee 名 ハチ
book 名 本
big 形 大きい
best 形 最も良い
back 名 背
bread 名 食パン
blue 形 青色の
black 形 黒色の

UNIT 31

time 名 時間
take 動 持って行く
taste 名 味
tennis 名 テニス
stay 動 とどまる
store 名 店
cat 名 ネコ
sit 動 座る

quiet 形 静かな

UNIT 32

day 名 日
desk 名 机
doll 名 人形
dog 名 犬
dinner 名 料理
daughter 名 娘
red 形 赤色の
read 動 読む
good 形 良い

UNIT 33

kick 動 蹴る
coat 名 コート
catch 動 捕まえる
cold 形 冷たい
skate 名 スケート
school 名 学校
luck 名 幸運
headache 名 頭痛

UNIT 34

get 動 手に入れる
give 動 与える
girl 名 女の子
kangaroo 名 カンガルー
finger 名 指
again 副 再び
leg 名 足

UNIT 35

sand 名 砂
seven 名 7
subject 名 教科
study 動 勉強する
sky 名 空
stand 動 立っている
rice 名 米
pass 動 通り過ぎる、渡す
dance 動 ダンスをする

UNIT 36

zebra 名 シマウマ
zero 名 0
zoo 名 動物園
zone 名 地帯
because 接 ～だから
shoes 名 靴
rise 動 立ちのぼる
size 名 大きさ
close 動 閉じる

UNIT 37

change 動 変える
chicken 名 ニワトリ、鶏肉
choose 動 ～を選ぶ
check 動 ～を調べる
church 名 教会
China 名 中国
teach 動 教える
beach 名 砂浜

UNIT 38

jacket 名 上着、ジャケット
just 形 正確な
juice 名 ジュース
job 名 仕事
jump 動 跳ぶ
Japan 名 日本
bridge 名 橋
age 名 年齢
knowledge 名 知識

UNIT 39

she 代 彼女は
short 形 短い
ship 名 船
sheet 名 紙
show 動 ～を見せる
station 名 駅
dish 名 皿
fish 動 釣りをする

UNIT 40

pleasure 名 喜び
measure 動 ～を測る
treasure 名 宝物
leisure 名 余暇
television 名 テレビ
Asia 名 アジア
usually 副 ふつうは
casual 形 カジュアルな
vision 名 視力、視界

第4章

139

UNIT 41

cats 名 cat (ネコ) の複数形

tests 名 test (試験) の複数形

let's let us (〜しよう) の短縮形

pockets 名 ポケットの複数形

T-shirts 名 Tシャツの複数形

sports 名 sport (スポーツ) の複数形

fruits 名 fruit (果物) の複数形

UNIT 42

beds 名 bed (ベッド) の複数形

hands 名 hand (手) の複数形

cards 名 card (カード) の複数形

roads 名 road (道路) の複数形

goods 名 (通例複数扱い) 商品

beads 名 bead (じゅず玉) の複数形

clouds 名 cloud (雲) の複数形

heads 名 head (頭) の複数形

seeds 名 seed (種) の複数形

UNIT 43

money 名 金

many 形 たくさんの

make 動 作る

computer 名 コンピューター

animal 名 動物

communication 名 意思疎通

home 名 家庭

come 動 来る

game 名 ゲーム

UNIT 44

noon 名 正午

name 名 名前

know 動 知る

and 接 そして

paint 名 ペンキ

second 形 第2の

can 助 できる

run 動 走る

fun 名 楽しみ

UNIT 45

song 名 歌

young 形 若い

long 形 長い

king 名 王

reading 名 読書

morning 名 朝

skating 名 スケート

running 名 走ること

swimming 名 水泳

UNIT 46

house 名 家

how 副 どのようにして

high 形 高い

hungry 形 空腹の

hint 名 ヒント

help 動 手伝う

who 代 だれが
hospital 名 病院
hot 形 暑い、熱い

UNIT 47

windy 形 風の強い
window 名 窓
weekend 名 週末
twelve 名 12
woman 名 女
wood 名 木材
twenty 名 20
sweet 形 甘い

UNIT 48

question 名 質問
quick 形 速い
quiz 名 クイズ
quarter 名 4分の1
square 名 正方形
aquarium 名 水族館
equal 形 〜と等しい
squirrel 名 リス

UNIT49

yellow 形 黄色の
yesterday 名 昨日
yen 名 円（日本の通貨単位）
year 名 1年
you 代 あなた
music 名 音楽
view 名 意見
cute 形 かわいい

UNIT50

try 動 〜を試みる
tree 名 木
triangle 名 三角形
trip 名 旅行
truck 名 トラック
country 名 国
straight 形 まっすぐな
strawberry 名 いちご
street 名 通り

UNIT 51

dry 形 乾いた
drink 動 飲む
dream 名 夢
draw 動 〜を描く
drive 動 運転する
drop 動 落ちる
drama 名 ドラマ
hairdresser 名 美容師
laundry 名 洗濯物

UNIT 52

little 形 小さい
party 名 パーティー
forty 名 40
water 名 水
better 形 よりよい
letter 名 手紙
bitter 形 苦い
beautiful 形 美しい

第4章

141

第4章 まとめと復習

音読して確認しましょう。

/p/

口から息を「プーッ」と押し出すイメージで発音しましょう。日本語のパ行よりも息を強く出しましょう。

🔴 音読しよう▶▶ push sport stop pool map

/b/

口から息を「バッ」と押し出すイメージで発音しましょう。日本語のバ行に似ていますが、英語ではもっと息を勢いよく出しましょう。

🔴 音読しよう▶▶ book big blue bad basketball

/t/

日本語の［タ］よりも息を強く出して［ツァ］に近いイメージで発音しましょう。t音が語尾にくる場合は、最後のtがほとんど聞こえないこともあります。

🔴 音読しよう▶▶ time stay cat tall sweet

/d/

日本語の［ダ］よりも息を強く前に押し出すイメージで発音しましょう。d音が語尾にくる場合は、息は強く出しません。

🔴 音読しよう▶▶ desk day dinner daughter hand

/k/

日本語の［キ］よりも息を強く出して［キ］と［イ］を同時に［キィ］のように発音しましょう。

🔴 音読しよう▶▶ kick coat skate cool ask

/g/

嫌なものを見て思わず［ゲェッ］と言うときを思い出して発音しましょう。日本語の「げんき」の［ゲ］よりも［ゲェ］と息を強く出しましょう。

🔴 音読しよう▶▶ get give again leg gift glad

/s/	日本語のサ行とほぼ同じ音ですが、英語の s 音は上の歯と舌の間から風が吹くように［スッ］と息を強めに出しましょう。

🔴 音読しよう▶▶ **s**even **s**ky pa**ss s**low ca**s**e

/z/	日本語のザ行とほぼ同じですが、息を強めに出しましょう。z 音が語尾にきたときはカタカナ語の「シューズ」のように、最後に /u/ をつけて［shuzu］と発音しないように気をつけましょう。

🔴 音読しよう▶▶ **z**oo shoe**s s**i**z**e de**s**ign qui**z**

/tʃ/	日本語のチャ行の音とほぼ同じですが、日本語よりも息を強く出しましょう。物事が思い通りにいかなくて［チェッ］と言うときを思い出しましょう。

🔴 音読しよう▶▶ **ch**ange **ch**icken ca**tch ch**ild swi**tch**

/dʒ/	日本語の［ヂ］とほぼ同じですが、舌を上の歯茎につけるのがポイントです。舌を上の歯茎から離すとき、息が日本語よりも勢いよく出ます。

🔴 音読しよう▶▶ **j**acket **j**ob a**ge** bri**dge j**oke

/ʃ/	日本語の［シ］によく似ていますが、日本語よりも息を鋭く強く出します。「しーっ静かに！」と言うときの［シー］をイメージして発音しましょう。

🔴 音読しよう▶▶ **sh**ort **sh**ip **sh**eet **s**ure di**sh**

/ʒ/	習字の［ジ］をイメージして発音しましょう。舌を上の歯茎につけずに発音することがポイントです。

🔴 音読しよう▶▶ plea**s**ure lei**s**ure A**s**ia vi**s**ion deci**s**ion

143

/ts/	「喝（かーつ）！」の［ツ］をイメージして発音しましょう。日本語の［ツ（**tsu**）］は /ts/ の後ろに /u/ が発音されますが、英語は /ts/ という子音の音だけなので気をつけましょう。
音読しよう▶▶	cats let's boots T-shirts pizza

/ds/	「ポン酢」の［ズ］をイメージして発音しましょう。舌先を上の歯茎につけながら［ヅ］のように発音しましょう。
音読しよう▶▶	beds goods seeds aids roads

/m/	日本語のマ行の音のように、上下の唇をしっかり合わせたあと、息を勢いよく出しましょう。「絶対ムリ！」の［ム］の音のイメージです。
音読しよう▶▶	many money make come name

/n/	日本語のナ行の音のように、舌先を上の前歯の裏側に当てます。「ぬーっと現われる」の［ヌ］をイメージして発音しましょう。
音読しよう▶▶	noon know paint fun fine

/ŋ/	舌先を上の前歯の裏側にはつけず、鼻から［ン］と息を抜いて発音しましょう。「牛タン」の［ン］で練習してみましょう。
音読しよう▶▶	song young king running dancing

/h/	日本語のハ行の音に似ていますが、英語は喉の奥から勢いよく息を出します。h 音と f 音を混同しないように気をつけましょう。
音読しよう▶▶	high house hungry who hear

/w/	[ウ] と [イ] を同時にすばやく [ウィ] と発音しましょう。唇を緊張させ丸めて発音することがポイントです。
🔴 音読しよう▶▶	weekend windy woman wood wolf

/kw/	[クエ] ではなく [クウェ] と発音することがポイントです。
🔴 音読しよう▶▶	question quick quiet quit equal

/j/	日本語のヤ行の音に似た発音です。盛り上げるときに叫ぶ「イェイ！」の [イェ] をイメージして発音してみましょう。
🔴 音読しよう▶▶	yes yesterday year music view

/tr/	/t/ と /r/ を同時にすばやく [トゥル] と発音しましょう。英語にはこのように子音がつながる場合があります。/tr/ を1つの音のかたまりと捉えましょう。
🔴 音読しよう▶▶	try tree trip street true

/dr/	/d/ と /r/ を同時にすばやく [ドゥル] と発音しましょう。/d/ と /r/ の間に /o/ を入れて [ド] とならないように気をつけましょう。
🔴 音読しよう▶▶	dream dry drink drama laundry

/t/ **音の変化**	/t/ の音節にアクセントがない場合、/t/ をはっきり発音せず、ラ行やダ行のような音になることがあります。little は [**リ**ロォ] または [**リ**ドォ]、forty は [**フォ**ーリー] または [**フォ**ーディー] のようになります。
🔴 音読しよう▶▶	party water letter beautiful city

第4章

145

発音みちくさ講座
4

/ŋ/ と /n/ と /m/ の違いは
日本語にもある

　young や song の語尾の発音は /ŋ/ となり、外来語の「ヤング」「ソング」のように最後は [グ] とは発音しません。いずれも [ヤン][ソン] のように、口は開いたまま舌を上の歯茎につけず、鼻から空気が抜けていく音です。それに対して、run や can の語尾は /n/ で、舌を上の歯茎につけます。また、room や come の語尾は /m/ で両唇を閉じます。これらの発音の違いは難しく感じるかもしれませんが、実は日本語にもこれらと同じ発音があるのです。お気づきでしょうか。

「参加 (サンカ)」　/ŋ/

　この [ン] は young の ng のように、口を開き舌先は上の歯茎にはついていません (UNIT 45 参照)。これは、[サンカ] の [カ] を発音するときには舌先は上の歯茎にはつかないので、前もってその準備をしているわけです。

「三年 (サンネン)」　/n/

　この [サン] の [ン] は、run の n のように、口を開いたまま舌先を上の歯茎につけます (UNIT 44 参照)。これは、[サンネン] の [ネ] を発音するときに舌先が上の歯茎に触れるので、[ネ] を言う前からそれを準備しているのです。

「散歩 (サンポ)」　/m/

　この [ン] は、room の m のように、口を閉じて発音します (UNIT 43 参照)。これも [サンポ] の [ポ] を発音するときは口を閉じるので、その準備を [ン] の時点でしているというわけです。

　日本語で「参加 (サンカ)」「三年 (サンネン)」「散歩 (サンポ)」を発音する場合、同じ [サン] という発音のようですが、実はこれらの [サン] の [ン] は 3 つとも違う音です。私たち日本人も母語である日本語で英語と同様、/ŋ/, /n/, /m/ の使い分けを無意識にしているのです。

第5章

発音注意!
ミニマルペア

1つの音素の違いで、意味が変わるペアの練習です。まぎらわしいので、音声を聞いて何度もくり返し練習しましょう。

UNIT 53
母音 /ʌ/ と /æ/

　日本語で「トラック」というと、「車のトラック」と「陸上競技のトラック」の2つの意味がありますが、この2つは英語では発音が異なります。「車のトラック」には、口を中くらいに開けて日本語の［ア］に近い /ʌ/ を使いますが、「陸上競技のトラック」には、［ア］と［エ］の中間くらいの /æ/ を使います。同じように、bug（虫）は［バグ］ですが、bag（袋）は［バーグ］と［ベーグ］の間くらいで発音してみましょう。

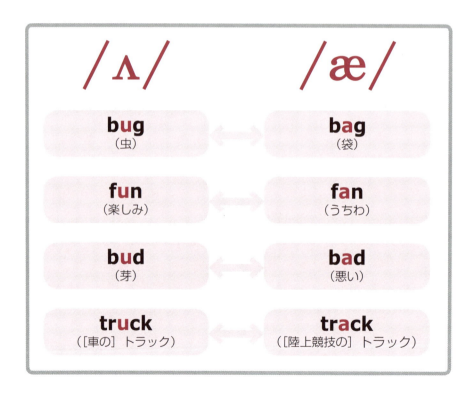

UNIT 54 母音 /ɑːr/ と /əːr/

/ɑːr/ も /əːr/ も日本語の [アー] のように聞こえるかもしれませんが、/ɑːr/ は口を大きく開けて（口の中を広くして）[アー] と言いながら r 音（舌を奥のほうに引く）を発音し、/əːr/ は口をあまり開かず [アー] に r 音をつけ加えるような音です。第 1 章にもありますが、/əːr/ は人差し指を両唇に挟んで両唇が人差し指から離れないようにして練習しましょう。

/ɑːr/

star
（星）

far
（遠い）

hard
（堅い）

heart
（心）

/əːr/

stir
（かき混ぜる）

fur
（毛皮）

heard
（聞いた [hear の過去形]）

hurt
（傷つける）

UNIT 55
母音 /ou/ と /ɔː/

　「マンホール」と「コンサートホール」、日本語では同じ［ホール］という発音ですが、英語ではまったく違う発音です。manhole（マンホール）の hole は「穴」という意味で [houl] と二重母音であるのに対し、concert hall の hall は「会場」という意味で [hɔ́ːl] と長母音で発音します。/ou/ は日本語の「追う」のように［オ］と［ウ］という２つの母音に分けず、［オゥ］と１つのまとまった音として一気に発音しましょう。/ɔː/ は［オー］と［アー］の混ざったような音です。

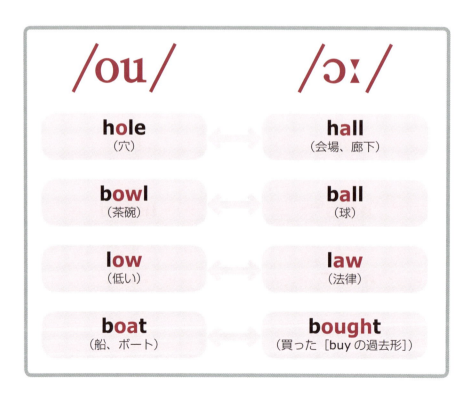

UNIT 56
母音 /i/ と /iː/

　/i/ と /iː/ は、音が「短い」「長い」の違いだけではありません。/i/ は日本語の［イ］と［エ］を混ぜたような音ですが、/iː/ は日本語の［イ］よりも口を横に開き、鋭くはっきり［イー］と伸ばしながら発音します。笑った顔になるのがポイントです。この２つの音については、音の長さの違いというよりも、音の質自体が異なるのです。

/i/	/iː/
s**i**t（座る）	s**ea**t（座席）
l**i**ve（住む）	l**ea**ve（出発する）
st**i**ll（まだ）	st**ea**l（盗む）
f**i**ll（満たす）	f**ee**l（感じる）

UNIT 57
子音 /l/ と /r/

　日本語では、編み物の「レース」も競争の「レース」も同じ［レース］という発音ですが、英語ではまったく異なります。編み物の「レース」は /l/、競争の「レース」は /r/ です。/l/ は舌先を上の前歯の裏側につけます。/r/ は唇を丸め舌を口の奥に引きます。母音も [léis] [réis] と二重母音になります。ちなみに英語には /eː/ と、/e/ が伸びる発音はありません。また、日本語では「飛ぶ」も「（野菜などを）揚げる」も［フライ］ですが、英語では「飛ぶ」は /l/、「揚げる」は /r/ ですので注意して発音しましょう。

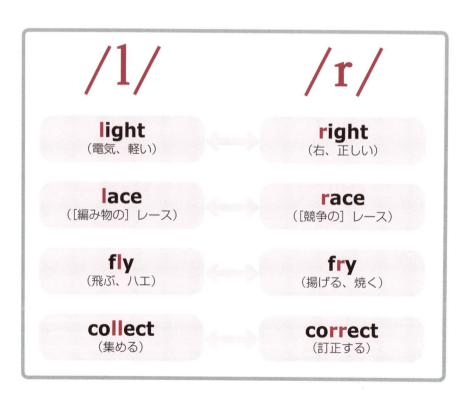

UNIT 58
子音 /s/ と /θ/

　/θ/ の音は日本語にはないので、日本人にとってはとても厄介です。/s/ と置き換えてしまうことが多いのですが、そうすると違う単語になってしまう場合もあります。I think（私は思う）の /θ/ の音を I sink と /s/ で置き換えてしまうと「私は沈む」という意味になってしまいます。Mickey Mouse（ミッキーマウス）の［マウス］と mouthpiece（マウスピース）の［マウス］は日本語では同じ発音ですが、英語では音も意味も異なります。特に /θ/ は、舌と歯を使う摩擦音（歯音［dental sounds］）で難しいので、/s/ と比較しながら少しずつ練習しましょう。

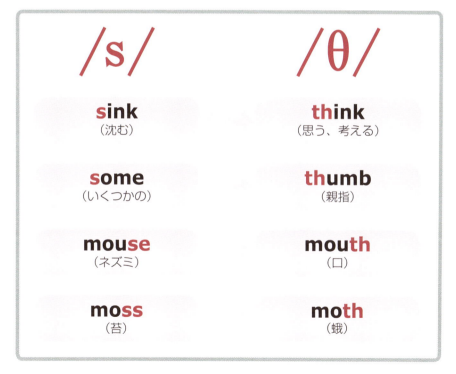

/s/	/θ/
sink（沈む）	**th**ink（思う、考える）
some（いくつかの）	**th**umb（親指）
mou**s**e（ネズミ）	mou**th**（口）
mo**ss**（苔）	mo**th**（蛾）

UNIT 59
子音 /b/ と /v/

/b/ は両唇を使う破裂音（plosive sounds）で /v/ は上の歯と下唇を擦らせる摩擦音（fricative sounds）です。日本人は /v/ を /b/ で置き換えがちなので注意しましょう。例えば、Thank you very much. の very の v を b で発音すると berry（イチゴ類）のように聞こえてしまいます。curve（曲がり角）も、日本語では［カーブ］と言うので、どうしても「ブ」の v を b で発音しがちです。b で発音すると curb（［歩道の］縁石）という意味になるので注意しましょう。

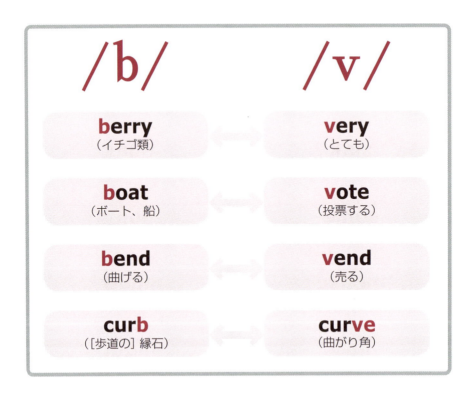

UNIT 60 子音 /ʃ/ と /s/

she（彼女は）は日本語の［シー］を鋭くしたような音です。「静かに！」という意味で「シーッ！」と言うときに似ています。see（見える）も同じように発音する日本人は多いのですが、see は［ス］と［イ］を同時にすばやく［スィー］と発音しましょう。日本語では「マークシート」も「シートベルト」も同じ［シート］という発音ですが、「マークシート」の［シート］は sheet（紙）、「シートベルト」の［シート］は seat（座席）ですので、言い間違えないようにしましょう。

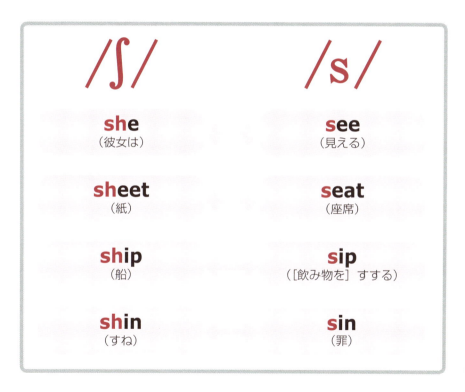

/ʃ/	/s/
she（彼女は）	**see**（見える）
sheet（紙）	**seat**（座席）
ship（船）	**sip**（［飲み物を］すする）
shin（すね）	**sin**（罪）

発音みちくさ講座
5

1つの文章の中にも
まぎらわしい発音あり

　第5章で見てきたように、「ミニマルペア」は、発音練習にはとても有効です。hot…hat のように単語だけの対比でも練習できますが、文章の中で2語を対比させながら練習することも発音上手になるには非常に効果的です。

　また、文章を使うと、単なる単語だけの機械的なプラクティスにならず、それぞれの文章に意味があるので子どもたちも興味が持てます。早口言葉のように授業中に子どもたちと一緒に発音練習をしてみましょう。

You'll see a traffic light on your right.　[láit] と [ráit]
（右側に信号が見えますよ）

A bug is in that bag.　[bʌ́g] と [bǽg]
（その袋の中に虫がいます）

There is a yellow sheet on the seat.　[ʃíːt] と [síːt]
（座席の上に黄色い紙が置いてあります）

I think the ship will sink.　[θíŋk] と [síŋk]
（その船は沈むと思います）

She can see you tomorrow.　[ʃíː] と [síː]
（彼女は明日あなたに会うことができるでしょう）

Buy any three and get one free.　[θríː] と [fríː]
（3つ買えば1つ無料）

第6章

発音注意！
外来語、カタカナ語

外来語やカタカナ語は、英語では全然違う発音をするものも多いです。音声をよく聞いて、日本語に引っ張られないように練習しましょう。

UNIT 61

語尾の l は軽く [ォ] のように (CD 61)

① トンネル | tunnel [タノォ]

[ト] ではなく [タ] で始めます。nel の e は発音しません。最後の l は [ル] ではなく軽く [ォ] のように発音しましょう。

I drove through a long tunnel.
私は長いトンネルを運転して通りました。

② モデル | model [マドォ]

[モ] と [マ] の間くらいの音で始めます。del の e は発音せず、[マドォ] または [マロォ] のように聞こえます。

My hobby is making model cars.
僕の趣味は車のプラモデルを作ることです。

③ ラベル | label [レイボォ]

最初の la は [ラ] ではなく [レイ] のような二重母音です。be の e は発音せず、最後の l は軽く [ォ] のように発音しましょう。

Put an address label on your suitcase.
スーツケースに住所のラベルを貼りなさい。

④ ローカル | local [ロウコォ]

lo は [ロー] と伸ばさずに [ロウ] のような二重母音です。cal は [カル] ではなく [コォ] のように発音しましょう。

We enjoyed the local food of the island.
その島のローカルフードを楽しみました。

158

UNIT 62
日本語と発音がかなり違う！ CD62

⑤ アレルギー ┊ allergy ［アラジー］

語頭の a は /æ/（［ア］と［エ］の間の音）で、アクセントを置きます。
語尾の gy は［ギー］ではなく［ジー］のように発音しましょう。

Do you have any food allergies?
何か食べ物のアレルギーはありますか。

⑥ エネルギー ┊ energy ［エナジー］

語頭の e にアクセントを置きます。語尾の gy は allergy と同じように
［ギー］ではなく［ジー］のような発音です。

We should use solar energy.
私たちは太陽エネルギーを利用するべきです。

⑦ スタジオ ┊ studio ［ステューディオウ］

日本語の「スタジオ」は、英語ではかなり発音が異なります。［スタ］は［ス
テュー］または［ストゥー］、最後の o は［オウ］のように発音しましょう。

I want to work at a movie studio.
映画スタジオで働きたいです。

⑧ キャベツ ┊ cabbage ［キャビジ］

「キャベツ」という日本語の発音とはかなり違います。ca にアクセント
を置き、［ベ］ではなく［ビ］、ge は［ツ］ではなく［ジ］になります。

**I bought two heads of cabbage at a
supermarket.**
スーパーでキャベツを 2 個買いました。
（cabbage は不可算名詞です。head で数えましょう。）

159

UNIT 63
[ツ] ではなく [トゥ]

⑨ ツイッター　　　Twitter [トゥウィター]

日本語で [ツ] で始まる語は、意外に [トゥ] で始まる場合が多いです。wi は [イ] ではなく [ウィ] と、w の音が入ります。

Do you use Twitter?
ツイッターしていますか。

⑩ ツイン　　　twin [トゥウィン]

Twitter と同じように、twi は [ツイ] ではなく [トゥウィ] のように発音します。語尾の n の発音は舌を上の歯茎にしっかり当てます。

We stayed in a twin room.
ツインの部屋に泊まりました。

⑪ ツール　　　tool [トゥーォ]

数字の2と同様に、[ツー] ではなく [トゥー] のようになります。最後の l 音は [ル] ではなく軽く [ォ] のように発音しましょう。

The Internet is a very useful communication tool.
インターネットはとても役に立つコミュニケーションツールです。

⑫ ツリー　　　tree [トゥリー]

語頭の t は [ツ] ではなく [トゥ] のようになります。tr は t と r の2つに分けず、tr を1つの音として捉え、すばやく発音しましょう。

Let's trim the Christmas tree.
クリスマスツリーの飾りつけをしよう。(trim =飾りつけをする)

UNIT 64
[チ] ではなく [ティ]

⑬ チップ　　tip [ティップ]

ローマ字の訓令式で ti は [チ] と読みますが、英語やヘボン式では [ティ] と発音します。「チップ」はポテトチップスの chip で「かけら」という意味です。

Leave the waiter a tip.
ウエイターにチップを置きなさい。

⑭ チーム　　team [ティーム]

これも同様に [チー] ではなく [ティー] のように発音します。team の tea は「お茶」の tea と同じつづりで同じ発音です。

Which team do you like the best?
どのチームがいちばん好きですか。

⑮ チケット　　ticket [ティケッ(トゥ)]

息を勢いよく出して [ティ] と発音しましょう。語尾の t はほとんど消えてしまうときもあります。

I bought a ticket for the concert.
コンサートのチケットを買いました。

⑯ スチール　　steel [スティーォ]

st を一緒に勢いよく息を出して発音しましょう。語尾の l は [ル] ではなく舌先を上の前歯の裏に当て、軽く [ォ] のように発音します。

This desk is made of steel.
この机はスチールでできています。

UNIT 65
v は上の歯を下唇に摩擦させ [ヴ]

⑰ ビタミン　　vitamin [ヴァイタミン]

日本語の「ビタミン」の [ビ] は b 音（破裂音）ですが、英語は v 音（摩擦音）です。しかも、vi は [ヴィ] ではなく [ヴァイ] と二重母音で発音します。

You should take enough vitamins every day.
毎日十分なビタミンを摂ったほうがいいです。

⑱ ウイルス　　virus [ヴァイアラス]

「ウイルス」も「ビタミン」と同様に v 音です。vi は [ヴァイア] のように発音しましょう。日本語の発音とは全然違いますから要注意です。

This medicine is good for the virus.
この薬はウイルスに効きます。

⑲ ワクチン　　vaccine [ヴァクスィーン]

これも日本語と全然違う発音ですね。virus と同じように、発音は v 音で始まります。「ワクチン」の「チン」は [スィーン] のように発音します。

There is not enough influenza vaccine.
十分なインフルエンザのワクチンがありません。

⑳ トラベル　　travel [トゥラヴォ]

「トラベル」の [ベ] は v 音です。tr は 1 つの音として捉え、すばやく発音しましょう。vel は [ヴェル] ではなく [ヴォ] のように聞こえます。

The hotel travel desk staff helped us.
ホテルのトラベルデスクのスタッフが手助けしてくれました。

UNIT 66
[オ] ではなくて [オゥ]

㉑ ソファー　　sofa [ソゥファ]

日本語の「ソファー」の [ソ] は英語では、二重母音で [ソゥ] と発音します。[ファー] も伸ばさず軽く [ファ] と言います。

This sofa is very comfortable.
このソファーはとても快適です。

㉒ ボート　　boat [ボゥトゥ]

[ボー] と伸ばさず [ボゥ] のように二重母音で発音しましょう。[ボートゥ] と伸ばすと、bought（buy の過去形）に聞こえてしまいます。

We went to the lake to row a boat.
ボートをこぎに湖に行きました。

㉓ ショルダー　　shoulder [ショゥォダー]

[ショ] ではなく [ショウ] のように二重母音で発音します。l は [ル] とは発音しません。舌先を上の前歯の裏に当て、軽く [オ] のように発音しましょう。

Laura bought a red shoulder bag.
ローラは赤いショルダーバッグを買いました。

㉔ ロゴ　　logo [ロゥゴゥ]

lo は [ロ] ではなく二重母音で [ロゥ]、go も [ゴ] ではなく [ゴゥ] のように発音しましょう。o で終わる語は [オゥ] と発音することが多いです。

I like the logo of this company.
この会社のロゴが好きです。

UNIT 67
唇を丸めて r の音

㉕ リレー　　relay ［リーレイ］

r は唇を丸めて舌先が上の歯茎につかないようにしましょう。l は舌先を上の前歯の裏側につけ、［レー］ではなく、［レイ］のように二重母音で発音します。

I'm on the relay team.
私はリレーのチームに入っています。

㉖ リアル　　real ［リーォ］

日本語では「リアル」と言いますが、英語では［リー］と伸ばすだけで大丈夫です。最後の l は［ル］ではなく、軽く［ォ］のように発音しましょう。

These stuffed animals look so real.
これらのぬいぐるみはすごくリアルに見えます。

㉗ リズム　　rhythm ［リドゥム］

日本語で覚えたラ行の外来語は、r なのか l なのかわからないときがあります。「リズム」の［リ］は r です。［ズ］は th なので舌と上の歯の摩擦音です。

Let's dance to the rhythm of the music.
音楽のリズムに合わせて踊りましょう。

㉘ ピラミッド　　pyramid ［ピラミッドゥ］

r 音が単語の途中に出てくるので難しいです。［ピ］と言ったあとで、即座に唇を丸めます。そのときに舌を上の歯茎につけないようにしましょう。

I want to go to Egypt to see the pyramids.
ピラミッドを見にエジプトに行きたいです。

164

UNIT 68

[ア]と[エ]の間の/æ/の音① CD68

㉙ カレンダー | **calendar** [キャレンダー]

ca は［カ］ではなく［キャ］のように発音しましょう。［レ］は r ではなく l なので、舌先を上の前歯の裏側につけます。

We have to buy a calendar for next year.
来年のカレンダーを買わなければなりません。

㉚ カプセル | **capsule** [キャプソォ]

calendar と同様に、ca は［キャ］のように発音します。sule は［セル］ではなく［ソォ］のように聞こえます。

Let's bury the time capsule under the tree.
木の下にタイムカプセルを埋めましょう。

㉛ プラスチック | **plastic** [プラスティック]

「プラスチック」の［ラ］の音は舌先を上の前歯の裏側につける l 音で、［ラ］と［レ］の間の音で発音しましょう。［チック］は［ティック］のようになります。

This picture frame is made of plastic.
この額はプラスチックでできています。

㉜ ロマンチック | **romantic** [ロウマンティック]

「ロマン」の［マ］は［マ］と［メ］の間くらいの音で発音しましょう。ro は［ロウ］という二重母音です。tic は［チック］ではなく［ティック］です。

I like to read romantic stories.
ロマンチックな物語を読むのが好きです。

165

UNIT 69
[ア]と[エ]の間の /æ/ の音②

㉝ サラダ　　salad [サラドゥ]

sa は［サ］と［セ］の間くらいの音で発音します。［ラ］は l なので、舌先を上の前歯の裏側につけます。語尾は軽く［ドゥ］と言いましょう。

I'd like to have a soup and a salad.
スープとサラダをください。

㉞ タクシー　　taxi [タクスィー]

「タクシー」の［タ］は［タ］と［テ］の間くらいの音で発音します。［ク］は ku ではなく子音の k だけ、［シー］は［ス］と［イ］を同時に発音してみましょう。

I took a taxi to go back home.
家にタクシーで帰りました。

㉟ マラソン　　marathon [マラソーン]

「マラソン」の［マ］は［マ］と［メ］の間の音で発音しましょう。［ラ］は r なので舌は上の歯茎にはつけず、［ソ］は th なので舌と上の歯を摩擦させます。

I'll run a marathon this winter.
今年の冬、マラソン大会に出ます。

㊱ サンドイッチ　　sandwich [サン(ドゥ)ウィッチ]

「サンドイッチ」の［サ］は［サ］と［セ］の間くらいの音です。d 音はほとんど聞こえないときもあります。「イッチ」は w の音を忘れないようにしましょう。

I had a sandwich for lunch.
お昼ごはんにサンドイッチを食べました。

UNIT 70
/ei/という二重母音

(CD 70)

㊲ ステーキ ┆ **steak** [ステイク]

英語には /eː/（[エー]）と伸ばす発音はありません。[テー] ではなく [テイ] のように発音しましょう。語尾は k なので軽く [ク] と言います。

This steak is so tender.
このステーキはとても柔らかいです。

㊳ ベーコン ┆ **bacon** [ベイクン]

steak と同じように、bacon の ba は [ベイ] と発音しましょう。con はアクセントがないので、あまり口を開けず、軽く [クン] のように発音します。

Can I have a bacon burger to go?
ベーコンバーガーを持ち帰りでお願いします。

㊴ チェンジ ┆ **change** [チェインジ]

change の cha は [チェ] ではなく、[チェイ] のように二重母音で発音します。日常よく使う外来語ですので注意しましょう。

I want to change my image.
イメージチェンジしたいです。

㊵ スタジアム ┆ **stadium** [ステイディアム]

「スタジアム」の sta は station と同じように [ステイ] と、二重母音で発音しましょう。di は [ジ] ではなく [ディ] のように発音します。

We went to the stadium to see a baseball game.
私たちは野球の試合を観るためにスタジアムに行きました。

第6章

167

UNIT 71

口をあまり開けずに /əːr/ (CD 71)

㊶ シャツ | shirt [シャートゥ]

口をあまり開けずに［シャー］と伸ばします。「シャツ」は複数形 shirts からの外来語。単数形は［ツ］ではなく軽く［トゥ］で終わります。

He is wearing a short-sleeved shirt.
彼は半袖のシャツを着ています。

㊷ スカート | skirt [スカートゥ]

ir でつづる場合は、口をあまり開けない［アー］(/əːr/) の発音が多いです。［ア］と［ウ］の間くらいの音で発音してみましょう。

I bought this skirt at the department store.
デパートでこのスカートを買いました。

㊸ カーテン | curtain [カー(トゥ)ン]

ur でつづるときも /əːr/ の発音になる場合が多いです。口をあまり開かず［カー］と［クー］の間くらいの音で発音しましょう。tai は［テ］ではなく［トゥ］のように発音しますが、聞こえない場合もあります。

Can you open the curtain for me?
カーテンを開けてもらえませんか。

㊹ サービス | service [サーヴィス]

er も /əːr/ の発音になる場合がよくあります。［サー］と［スー］の間くらいで発音します。v は上の歯を下唇と摩擦させ［ヴィ］となります。

The service at the restaurant was excellent.
そのレストランのサービスは素晴らしかったです。

168

UNIT 72 伸ばさずに短く

㊺ チョコレート ｜ chocolate ［チャカリッ(トゥ)］

cho にアクセントを置いて［チョ］と［チャ］の間くらいで発音してみましょう。［レー］と伸ばさず［リ］のように発音し、最後の［トゥ］は聞こえないこともあります。

I love chocolate ice cream.
チョコレートアイスクリームがとても好きです。

㊻ セーター ｜ sweater ［スウェター］

［セー］と伸ばさず w の音が入り［スウェ］のように発音します。ter は口をあまり開かずに発音しましょう。［ラー］と［ルー］の間くらいに聞こえることもあります。

Your sweater goes well with your pants.
あなたのセーターはズボンに合っていますね。

㊼ オリーブ ｜ olive ［アリヴ］

日本語では「リー」と伸ばしますが、英語では［リ］と短くなります。o の後ろは live（住んでいる）と同じつづりと発音です。o にアクセントがあります。

I want some olive oil for the salad.
サラダにオリーブオイルがほしいです。

㊽ メッセージ ｜ message ［メスィジ］

日本語では「メッセージ」と［セー］を伸ばしますが、英語では［ス］と［イ］を同時に［スィ］と短く発音しましょう。

Can I take a message?
メッセージをお受けいたしましょうか。

UNIT 73

[オ]と思っていたのに[ア](/ʌ/)だった

㊾ オーブン　oven [アヴン]

日本語では[オー]と伸ばしますが、英語では口を中くらいに開けて[ア]と短くなります。「ブン」はvなので上の歯を下唇と摩擦させ[ヴン]となります。

Heat it up in the oven.
それをオーブンで温めて。

㊿ ボタン　button [バ(トゥ)ン]

日本語では[ボ]ですが、英語では[バ]と発音しましょう。後ろは[タン]ではなく[トゥン]のような音です。[トゥ]は聞こえなくなることもあります。

A button came off.
ボタンがとれちゃった。

51 オニオン　onion [アニアン]

日本語ではローマ字読みで語頭のoを[オ]と発音しますが、英語では口を中くらいに開き[ア](/ʌ/)と発音しましょう。2番目のoは口をあまり開かない[ア](/ə/)です。

I'd like to have the French onion soup.
フレンチ・オニオン・スープをお願いします。

52 ロンドン　London [ランドゥン]

日本語ではLoを[ロ]と発音しますが、英語では舌を上の歯の裏につけて[ラ]のように発音しましょう。donのoは口をあまり開かない/ə/の音です。

London is the largest city in the UK.
ロンドンはイギリスでいちばん大きな都市です。

UNIT 74

アクセント（強勢）に注意！

CD 74

(53) バニラ　vanilla ［ヴァニラ］

日本語で「バニラ」は［バ］を高く発音しますが、英語では ni にアクセントがあります。語頭は v なので上の歯を下唇と摩擦させた音です。

I'll have vanilla ice cream with chocolate sauce.
バニラアイスクリームにチョコレートソースをかけたのをください。

(54) キャリア　career ［カリア］

これも vanilla と同様、第２音節にアクセントがあります。しかも、ca は［キャ］ではなく、軽く［カ］と発音します。

She has a long career in the field.
彼女にはその分野で長いキャリアがあります。

(55) ミュージアム　museum ［ミューズィーアム］

日本語では［ミュー］を高く発音しますが、英語では第２音節の se を強く発音します。［ジ］ではなく、［ズィー］のように発音しましょう。

You can see many old toys in that museum.
そのミュージアムでは古いおもちゃをたくさん見ることができます。

(56) ミュージシャン　musician ［ミュズィシュン］

music（音楽）は［ミューズィック］と第１音節にアクセントを置きますが、musician は第２音節を強く発音しましょう。

I wanted to be a musician when I was young.
若いときはミュージシャンになりたかったです。

発音みちくさ講座
⑥

アメリカ英語とイギリス英語

　ひと言で「英語」と言っても、世界中にはいろんな英語が存在します。アメリカやイギリスやオーストラリアなどでは、第一言語として英語が話されています。また、インドやフィリピンなどでは、別の第一言語とともに英語が教育や政治の場で日常的に機能しています。ところ変われば英語も変わるわけで、語句やつづりも違えば、発音も違います。

　例えば、bath（お風呂）はアメリカ英語では $[bǽθ]$ と［ア］と［エ］の間くらいで発音しますが、イギリス英語では $[bá:θ]$ と口を大きく開けて発音します。college（大学）や cocktail（カクテル）は、アメリカ英語ではそれぞれ［**カ**レッジ］［**カ**クテイォ］、イギリス英語では、［**コ**レッジ］［**コ**クテイォ］のように発音されます。つまり、外来語の「カレッジ」や「カクテル」の発音はアメリカ英語から来ています。日本の小学校の英語教材のほとんどが、アメリカ英語の発音で収録されています。

	アメリカ英語	イギリス英語
can't （できない）	[kǽnt]［**キャ**ーントゥ］	[ká:nt]［**カー**ントゥ］
half （半分）	[hǽf]［（**ハ**＋**ヘ**）ーフ］	[há:f]［**ハー**フ］
class （クラス）	[klǽs]［ク（**ラ**＋**レ**）ス］	[klá:s]［ク**ラ**ス］
vase （花びん）	[véis]［**ヴェ**イス］	[vá:z]［**ヴァ**ーズ］
tomato （トマト）	[təméitou]［タ**メ**ィロウ］	[təmá:tou]［タ**マー**トゥ］
direction （方向）	[dirékʃən]［ディ**レ**クシュン］	[dairékʃən]［ダイ**レ**クシュン］
schedule （スケジュール）	[skédʒu:l]［ス**ケ**ジューォ］	[ʃédʒu:l]［**シェ**ジューォ］

172

第7章

発音注意！
つながる音、消える音

学習指導要領にも「語と語の連結による音の変化」について取り上げられています。つながる音や消える音が上手く言えるようになれば、自然な英語が話せたり聞けたりするようになります。⌣ はつながる音を、△は消える音を表します。

UNIT 75 つながる音① 〈n音で終わり母音につながる〉

発音のポイント

an と apple を［アン　アポォ］と分けずに、anapple とつながった1語として捉え、なめらかに発音しましょう。

an apple	［アン**ナ**ポォ］
an old friend	［アン**ノ**ウォドゥフ**レ**ンドゥ］
when is	［ホ**エ**ンニズ］
join us	［ジョ**イ**ナス］

Can you peel an apple?
　リンゴの皮をむいてもらえませんか。

Rachel is an old friend of mine.
　レイチェルは私の旧友です。

When is your birthday?
　あなたの誕生日はいつですか。

Would you like to join us for lunch?
　お昼ごはんを一緒にいかがですか。

もっと練習してみよう
an orange ［アン**ノ**リンジ］　　**can I** ［キャ**ナ**イ］

UNIT 76 つながる音② 〈k音で終わり母音につながる〉

発音のポイント

pick it up（それを拾う）は、3語つないで発音しましょう。it の t はラ行の音のように変化します。最後の p 音はほとんど消えてしまいます。

like it　　　　　　　　　［ライキッ］

look at　　　　　　　　　［ルッカッ(トゥ)］

pick it up　　　　　　　　［ピッキラッ(プ)］

speak up　　　　　　　　［スピーカッ(プ)］

How do you like it in Japan?
　日本はいかがですか。

Please look at the blackboard.
　黒板を見てください。

Pick it up and throw it away.
　それを拾って捨てなさい。

Can you speak up a little bit?
　もう少し大きな声で話してもらえませんか。

もっと練習してみよう
take a look ［テイカルック］
black and white ［ブラッカンホワイ(トゥ)］

UNIT 77 つながる音③
〈d音で終わり母音につながる〉

発音のポイント

　stand up は standup、read it は readit のようにつないで発音されるので、それぞれ［ス**タン**ダップ］［**リ**ーディットゥ］のように聞こえます。最後の p 音や t 音は消えてしまうこともあります。

stand up　　　　　　［ス**タン**ダッ（プ）］

read it　　　　　　　［**リ**ーディッ（トゥ）］

good at　　　　　　　［**グ**ダッ（トゥ）］

send it　　　　　　　［**セン**ディッ（トゥ）］

Stand up next to your chair.
　椅子の横に立ちなさい。

Please read it aloud.
　それを音読してください。

Ann is good at swimming.
　アンは水泳が得意です。

Could you send it by air mail?
　それを航空便で送っていただけませんか。

もっと練習してみよう
hold it［**ホ**ウォディッ（トゥ）］　**find out**［**ファ**インダゥ（トゥ）］

UNIT 78 つながる音④〈チュやヂュに変化する〉

発音のポイント

meet you の t と y はつながり［チュ］のように、would you の d と y はつながり［ヂュ］のように発音します。

meet you　　　［ミーチュー］

about you　　　［アバウチュー］［アバウ**チュ**ー］

would you　　　［ウッ**ヂュ**ー］

did you　　　［ディッ**ヂュ**ー］

Nice to meet you.
　はじめまして。

How about you?
　あなたはどうですか。

Where would you like to go?
　どこに行きたいですか。

What did you do during the summer vacation?
　夏休みの間何をしましたか。

もっと練習してみよう
don't you［ドウンチュー］　**could you**［クッヂュー］

UNIT 79 つながる音⑤
〈t音がラ行の音に変化する〉

発音のポイント

2語がつながることによって、t音が日本語のラ行の音のように変化することがあります。この変化は特にアメリカ英語によく起こります。

it is	[イリズ]
get up	[ゲラップ]
what is	[ホワリズ]
about it	[アバウリッ（トゥ）]

A: Is this book yours? B: Yes, it is.
　A：この本はあなたのですか。　B：はい、そうです。

I always get up at six.
　私はいつも6時に起きます。

What is it?
　それは何ですか。

Please tell us about it.
　それについて私たちに話してください。

もっと練習してみよう
write it [ライリッ（トゥ）]　got it [ガッリッ（トゥ）]

UNIT 80
消える音①
〈t 音で終わり次の語が t 音で始まる〉

発音のポイント

最初の語が t 音で終わり、次の語が t 音で始まる場合、最初の t 音が消えてしまいます。2 語の間に小さな「ッ」が入るように発音するときもあります。want to は［ウォント　トゥー］ではなく［**ウォ**ントゥー］、what time は［ホワット　タイム］ではなく、［ﾎ**ワッタイ**ム］のように発音しましょう。

want to　　　　　　　［**ウォ**ントゥー］

what time　　　　　　［ﾎ**ワッタイ**ム］

hot tea　　　　　　　［**ハッティ**ー］

it takes　　　　　　　［**イッテイ**クス］

I want to go shopping this weekend.
今週末、買い物に行きたいです。

What time did you go to bed last night?
昨夜は何時に寝ましたか。

I'd like to have a hot tea, please.
熱い紅茶をお願いします。

It takes you about ten minutes to get there.
そこに着くのに約10分かかります。

もっと練習してみよう
get to［ゲットゥー］　**point to**［ポイントトゥ］

UNIT 81
消える音②
〈k音で終わり次の語がk音で始まる〉

発音のポイント

①と同じように、最初の語がk音で終わり、次の語がk音で始まる場合、最初のk音が消えてしまいます。take care［テイッ**ケ**ア］のように単語の間に小さな「ッ」があるように発音されるときもあります。

like cookies　　［ライッ**ク**ッキーズ］

black cat　　［ブラッ**キャ**ッ（トゥ）］

take care　　［テイッ**ケ**ア］

pink coat　　［ピン**コ**ウ（トゥ）］

The children like cookies very much.
　子どもたちはクッキーがとても好きです。

I have a black cat at home.
　家に黒いネコを飼っています。

Take care.
　じゃあ。（See you. のようなお別れのあいさつ）

Joanne was wearing a nice pink coat.
　ジョアンはすてきなピンクのコートを着ていました。

もっと練習してみよう
back cover ［バッ**カ**ヴァー］　**rock climbing** ［ロッ**ク**ライミン］

UNIT 82
消える音 ③
〈s音で終わり次の語がs音で始まる〉

発音のポイント

　ice skating のように、最初の語が s 音で終わり、次の語が s 音で始まる場合、[アイス　スケーティング] と 2 語に分けずに、なめらかにつないで発音しましょう。そのときに、最初の s 音が消えがちになり [**ア**イスケイティン] のように発音します。s 音が少し長めに聞こえるときもあります。

ice skating　　　　　　　[アイスケイティン]

gas station　　　　　　　[ギャステイシュン]

convenience store　[クンヴィニエンストアー]

bus stop　　　　　　　　[バスタップ]

We enjoyed ice skating last winter.
　去年の冬はアイススケートを楽しみました。

Turn left and you'll see a gas station on your right.
　左に曲がってください。そうすれば右側にガソリンスタンドがありますよ。

The convenience store is next to the post office.
　コンビニは郵便局のとなりです。

The bus stop is across the street.
　バス停は通りを渡ったところにありますよ。

もっと練習してみよう

nice season [ナイスィーズン]　**Christmas song** [クリスマソン]

UNIT 83
消える音④
〈t音で終わり次の語が子音で始まる〉

発音のポイント

　sit down のように最初の語が t 音で終わり、次の語が子音で始まる場合も、t 音は消えてしまい小さな「ッ」のように発音されます。sit down は [スィット　ダウン] ではなく [**スィッダウン**]、what day は [ホワット　デイ] ではなく [ホ**ワッデイ**] のように発音してみましょう。

what day	[ホワッデイ]
sit down	[スィッダウン]
don't know	[ドゥン(ッ)ノウ]
right now	[ライッナウ]

What day is it today?
　今日は何曜日ですか。

Why don't you sit down and take a rest?
　座って休んだらどうですか。

I don't know much about baseball.
　野球についてはよく知りません。

You have to do it right now.
　あなたはそれを今すぐにしなければなりません。

　　　　　　もっと練習してみよう
last night [ラス(ッ)ナイッ(トゥ)]　**credit card** [クレディッカードゥ]

UNIT 84
消える音 ⑤
〈d音で終わり次の語が子音で始まる〉

発音のポイント

　Good morning. のように最初の語がd音で終わり、次の語が別の子音で始まる場合、[**グッモ**ーニン] のようにd音は消えてしまいます。Good night.（おやすみなさい）も [**グッド**　**ナイト**] と2語に分けずに [**グッ**ナイ(トゥ)] のように発音します。

good job	[グッジャブ]
good luck	[グッラック]
hard time	[ハーッタイム]
around the	[アラウンダ]

You did a very good job.
　とてもよくできましたね。

Good luck on your test.
　テスト、頑張ってね。

I'm having a hard time focusing on my studies.
　勉強に集中するのに苦労しています。

I want to travel around the world.
　世界中を旅してみたいです。

もっと練習してみよう
could be [クッビ]　**good morning** [グッモーニン]

発音みちくさ講座 7

日本語も英語も、よく音が消える

　日本語では、「学」は［ガク］、「校」は［コウ］と発音しますが、これらが2文字一緒になって「学校」となると［ガクコウ］ではなく［ガッコウ］と発音します。つまり、［ガク］の［ク］の音と、［コウ］の［コ］の音が、両方ともk音なので、［ガク］の［ク］が小さな［ッ］のようになり［ガッコウ］となるわけです。

　このように消えてしまう音については、実は英語も同様で、例えば、Take care.（じゃあ［別れの挨拶］）も take は k 音で終わり care は k 音で始まるので、［テイク ケア］ではなく［**テイッケア**］のように発音します。また、英語の場合、UNIT 83 と UNIT 84 で見てきた以外に、1語目の語尾と2語目の語頭が同じ音ではなくても音が消えることがよくあります。例えば、just go は［ジャスト ゴー］ではなく、just の t 音は消えがちで、［**ジャス**（ッ）**ゴウ**］のように発音します。next bus も［ネクスト バス］ではなく、next の t 音が消えて［**ネクス**（ッ）**バス**］、credit card も［クレジット カード］ではなく、［クレディッカードゥ］のように発音します。

　このような消える音は英語の発音には頻繁に出てきます。消える音に対する気づきが、英語の正しい発音やリスニングの向上にもつながります。

第 8 章

発音注意！
強勢、イントネーション

強勢やイントネーションの練習です。英語の発音では音の強弱や文の抑揚がとても重要な要素になります。授業でよく使う英単語や会話文を集めてありますので、慣れるまで音声のあとに続いて、くり返し練習しましょう。

UNIT 85
強勢

　発音と言えば、母音と子音の習得は欠かせませんが、大切なことはそれだけではありません。どこを強く発音し、どこを弱く発音するかということもとても重要です。英語は語や句、文のどこかに強勢を置き、リズミカルに話す言語なのです。

　日本語は英語のように音の強弱ではなく、ピッチ（音の高低）で意味を表します。例えば、「箸（はし）」は「は」を高く、「橋（はし）」は「し」を高く言うことで意味を変化させます。それに対して、英語では présent と前の音節に強勢を置けば「贈り物」という名詞、presént と後ろの音節に強勢を置けば「贈る」という動詞になります。the white house も white に強勢を置けば「ホワイトハウス（the White House）」、house に強勢を置けば「白い家」という意味になります。強勢で意味が変わるということを考えると、強勢は英語の発音ではとても重要な要素と言えます。以下の例を用いながら、正しい強勢で発音の練習をしてみましょう。

語や句、文における基本的な強勢

〈 語 〉

　英語の単語には必ず強く発音する箇所があります。強勢は音節に置かれますが、強勢の置き方を間違うと、英語は聞き取りにくくなります。例えば beautiful は［ビューティフル］と平板にではなく［**ビュ**ーティフォ］のように第１音節に強勢を置きます。computer は［コンピューター］ではなく［クン**ピュ**ーター］のように強勢は第２音節にあります。どの音節に強勢があるのかを確認しながら発音練習をしましょう。

第1音節に強勢がある語

béautiful
（美しい）

télevision
（テレビ）

féstival
（お祭り）

básketball
（バスケットボール）

fávorite
（お気に入りの）

Énglish
（英語）

ínteresting
（興味深い）

Cánada
（カナダ）

sómetimes
（ときどき）

第2音節に強勢がある語

compúter
（コンピューター）

guitár
（ギター）

Koréa
（韓国）

Austrália
（オーストラリア）

excíting
（ワクワクしている）

Julý
（7月）

aquárium
（水族館）

Japán
（日本）

tomórrow
（明日）

Septémber
（9月）

Octóber
（10月）

América
（アメリカ）

第3音節に強勢がある語

Japanése
（日本語）

understánd
（わかる）

mathemátics
（数学）

recomménd
（薦める）

kangaróo
（カンガルー）

voluntéer
（ボランティア）

Européan
（ヨーロッパの）

violín
（バイオリン）

enginéer
（エンジニア）

1番強い強勢（´）と2番目に強い強勢（`）がある語

Jánuàry
（1月）

líbràry
（図書館）

téxtbòok
（教科書）

státionèry
（文房具）

Fébruàry
（2月）

néwspàper
（新聞）

hómewòrk
（宿題）

díctionàry
（辞書）

bóokstòre
（本屋）

数字の強勢

13から19は後ろに、20から90は前に強勢があります。

thirtéen
（13）

thírty
（30）

fourtéen
（14）

fórty
（40）

fiftéen
（15）

fífty
（50）

-tion、-ity の直前の音節に強勢がある語

státion
（駅）

educátion
（教育）

actívity
（活動）

reálity
（現実）

vacátion
（休暇）

commúnity
（地域）

univérsity
（大学）

informátion
（情報）

abílity
（能力）

固有名詞の強勢

日本語は発音が平板で単調ですが、英語はどこかを必ず強く発音します。

McDónald's（マクドナルド）［マク**ダ**ーナォヅ］

Cóstco（コストコ）［**カ**スコウ］

KítKat（キットカット）［**キ**ッキャッ（トゥ）］

IKÉA（イケア）［アイ**キ**ーア］

Hérmes（エルメス）［**ハ**ーミーズ］

Mercédes-Bénz（メルセデスベンツ）［マ**セ**イディーズベンツ］

Níkon（ニコン）［**ナ**イコーン］

Xérox（ゼロックス）［**ズィ**ーラックス］

Hawáii（ハワイ）［ハ**ワ**イ］

Sán Francísco（サンフランシスコ）［**サン**フラン**スィ**スコウ］

〈句〉

機能語と内容語

機能語ではなく内容語に強勢があります。機能語とは、助動詞（can や will など）、前置詞（on や in など）、冠詞（a[n] と the）、接続詞（and や but など）、人称代名詞（you や it など）など、主として文法的な機能を果たす語のことです。それに対して、内容語とは、名詞や動詞や形容詞など、語彙的意味を持っている語のことを言います。例えば、「at seven（7時に）」と言うときには、「7時」という時間が大事な情報なので、at よりも seven のほうを強く発音します。

at séven
（7時に）

in Áugust
（8月に）

under the cháir
（イスの下に）

táke a báth
（お風呂に入る）

pláy the píano
（ピアノを弾く）

on Mónday
（月曜日に）

on the táble
（テーブルの上に）

near the béach
（ビーチの近くに）

réad the bóok
（本を読む）

bláck and whíte
（白黒）

動詞＋副詞

動詞＋副詞の場合、動詞にも強勢はありますが、副詞により大きい強勢を置くと上手く発音できます。動詞だけに強勢を置かないように注意しましょう。

get úp
（起きる）

turn aróund
（回る）

walk stráight
（まっすぐ歩く）

come ín
（入ってくる）

stand úp
（立ち上がる）

speak úp
（大きい声で話す）

go óut	sit dówn	move ón
（出ていく）	（座る）	（進む）

形容詞＋名詞

形容詞＋名詞の場合、形容詞と名詞の両方に強勢がありますが、名詞により大きい強勢を置くと自然な英語の発音になります。

a nice dáy	green téa
（いい日）	（緑茶）
spicy food	new shóes
（辛い食べ物）	（新しい靴）
beautiful flówers	an expensive wátch
（美しい花）	（値段の高い時計）
a little cát	a long tíme
（小さい猫）	（長い間）

名詞＋名詞

名詞＋名詞は、両方の名詞に強勢がありますが、最初の名詞により大きい強勢を置きます。

a depártment store	a gás station
（デパート）	（ガソリンスタンド）
a párking lot	íce cream
（駐車場）	（アイスクリーム）
an amúsement park	a fíre fighter
（遊園地）	（消防士）
a sóccer player	órange juice
（サッカー選手）	（オレンジジュース）

第8章

〈文〉

　文中では重要な情報に強勢があります。基本的に内容語を強く発音します。例えば、すてきな服を着ている人に対して、It looks nice on you. (それはあなたにお似合いですよ) と言ってあげたい場合、もし１語だけ残すとしたら Nice! (すてきです／お似合いです) を残しますね。いちばん伝えたい nice という語に強勢を置いて It looks níce on you. ［イックルスナイソンニュー］のように発音してみましょう。自分が相手に何を伝えたいのかを考えながら練習してみましょう。

It was gréat. (とてもよかったです。)

I wálk to schóol. (歩いて学校に行きます。)

I wént to the béach. (海［ビーチ］に行きました。)

Whén is your bírthday? (あなたの誕生日はいつですか。)

Whát tíme do you get úp? (何時に起きますか。)

That jácket looks níce on you.
(そのジャケットお似合いですよ。)

Whát would you líke? (何がほしいですか。)

I can spéak Énglish a líttle. (私は少し英語が話せます。)

I cán't rún fást. (私は速く走れません。)

Are you góod at cóoking? (料理は得意ですか。)

I gót it. (了解しました。)

UNIT 86 イントネーション

　イントネーションとは、文中の音の上げ下げや、文全体の抑揚のことです。平叙文、命令文、What や When など Wh- の疑問詞や How で始まる疑問文は、たいてい下げ調子になります。**Do you like dogs?** のような一般疑問文は、たいてい上げ調子の発音です。2つ以上の語を並べたときには、最後だけを下げ調子にして、あとは上げ調子にします。また、同じ文でもイントネーションによって意味が変わる文もあるので、個々の発音と同様、イントネーションも無視できません。よく使う会話文で練習してみましょう。

平叙文

I usually go to bed at ten. ↘
(たいてい10時に寝ます。)

She can play the piano. ↘
(彼女はピアノを弾けます。)

I had pizza for lunch. ↘
(お昼ご飯にピザを食べました。)

命令文

Finish your milk. ↘
(ミルクを飲んでしまいなさい。)

Do your homework. ↘
(宿題をしなさい。)

Choose two cards you like. ↘
(好きな2枚のカードを選びなさい。)

一般疑問文

Do you like grapes? ↗
（ブドウは好きですか。）

Did you have a nice vacation? ↗
（いい休暇でしたか。）

Are you finished? ↗
（終わりましたか。）

wh- や how の疑問文

What do you want to be? ↘
（何になりたいですか。）

Where is the post office? ↘
（郵便局はどこですか。）

How was your summer vacation? ↘
（夏休みはどうでしたか。）

2つ以上の語を並べたとき

Which do you like better, summer ↗ **or winter?** ↘
（夏と冬ではどちらが好きですか。）

Would you like soup ↗ **or salad?** ↘
（スープかサラダのどちらになさいますか。）

winter, ↗ **spring,** ↗ **summer** ↗ **and fall** ↘
（春夏秋冬［英語では冬春夏秋］）
　※オーストラリアでは summer, autumn, winter and spring

イントネーションで意味が変わる

Excuse me. ↘
（すみません。）　謝罪

Excuse me. ↗
（もう一度言ってもらえませんか。）　聞き返し

Would you like tea↗ or coffee? ↘
（紅茶かコーヒーのどちらがいいですか。）　どちらかを選択

　※例えば、I'd like tea.（紅茶をお願いします）と答えます。

Would you like tea or coffee? ↗
（紅茶かコーヒーなど、お飲み物はいかがですか。）

　※例えば、Yes, please.（はい、お願いします）と答えます。

発音みちくさ講座 8

日本語は「高低」、英語は「強弱」

　日本語は、ひらがなでは同じ「はし」でも、「箸」と「橋」を [ハシ][ハ
シ] のように発音の高低で区別します。それに対して英語は、státion や
guitár のように、高低をつけるというよりも、単語のある音節を強く発音
します。例えば、日本語で「福岡」を発音する場合、「フクオカ」の「ク」
が高くなりますが、英語では Fu-ku-o-ka の後ろから2番目の音節である
o に強勢を置きがちです。「岩手」(I-wa-te) のような3音節の語は、後ろ
から2番目の音節、つまり真ん中の音節 wa を強く発音します。「東京」
もひらがなで書くと「とうきょう」と5文字になりますが、英語では To-kyo
と2音節になり、後ろから2番目の音節、つまり最初の音節 To に強勢を
置きます。もちろん例外もありますが、子どもたちが自分の名前や日本の
地名を英語で言うとき、I'm Mayúmi. とか I'm from Yokoháma. のように、
英語のルールに合わせて強勢を置けば、英語の波に乗って発音すること
ができます。

カタカナ表記について

　最後になりましたが、本書では先生方が発音のイメージをつかみやすいように、特に外来語や音のつながりなどの発音をカタカナで表記をしている箇所があります。これは「近似カナ表記」と呼ばれ、実際に発音に効果があることが検証されています。

　カタカナはできるだけ英語発音に近く表記しています。例えば、pick it up（それを拾いなさい）をカタカナで［ピック イット アップ］と示してもあまり意味はありませんが、［ピッキラッ（プ）］のように、つながる音や消える音、大きく発音するところなどを示せば、本当の発音にかなり近づきます。

　カタカナは、子どもたちに対して積極的に使っていくものではありません。ただ、近似カナ表記のようにカタカナの表記のしかたを工夫すれば発音のヒントになるし、発音の習得だけでなくリスニングの向上にも効果があるという研究結果も報告されています。もちろん、カタカナはあくまでも参考です。そして、発音のお手本であるCD（音源）を併用することがとても大切です。

　発音にまだ自信が持てないとおっしゃる先生方は特に、発音練習をされる場合に1つの学習のしかたとして試してみてください。

●著者紹介

山崎祐一（ヤマサキ ユウイチ） Yuichi Yamasaki

長崎県出身。カリフォルニア州立大学サンフランシスコ校大学院修士課程修了。現在、長崎県立大学教授。専門は英語教育学、異文化間コミュニケーション。小学校英語教育学会理事。小中学校英語教科書著者。日米の国際家族に育ち、言葉と文化が不可分であることを痛感。アメリカの大学で講義を9年間担当。数々の通訳業務や映画の翻訳にも携わり、依頼講演は800回を超える。NHK総合やTBSなど、テレビや新聞等でも英語教育や異文化理解に関する解説やコメントが紹介される。TOEFL (PBT) 673点（TOEIC換算990点）、TSE (Test of Spoken English) スピーキング・発音部門満点、TWE (Test of Written English) 満点。著書に『これならできる！ 小学校英語ハンドブック』監修（啓林館）、『先生のための授業で1番よく使う英会話』、『ネイティブが会話で1番よく使う英単語』、『瞬時に出てくる英会話フレーズ大特訓』、『世界一やさしい すぐに使える英会話超ミニフレーズ300』（以上、Jリサーチ出版）など。

カバーデザイン	滝デザイン事務所
本文デザイン／DTP	アレピエ
本文イラスト	Coma
カバーイラスト	藤井アキヒト
CD録音・編集	一般財団法人　英語教育協議会（ELEC）
CD制作	高速録音株式会社

本書へのご意見・ご感想は下記 URL までお寄せください。
https://www.jresearch.co.jp/contact/

先生のための　授業で1番大切な英語発音

令和元年（2019年）10月10日　初版第1刷発行

著　者	山崎祐一
発行人	福田富与
発行所	有限会社　Jリサーチ出版
	〒166-0002　東京都杉並区高円寺北2-29-14-705
	TEL 03(6808)8801（代）　FAX 03(5364)5310
	編集部 03(6808)8806
	http://www.jresearch.co.jp
印刷所	中央精版印刷株式会社

ISBN978-4-86392-451-2　禁無断転載。なお、乱丁・落丁はお取り替えいたします。
©2019 Yuichi Yamasaki, All rights reserved.

ノウンの利用方法

① タブレットまたはスマートフォンから GooglePlay または AppStore で「ノウン」と検索して、ノウンのアプリをインストールしてください。ノウンのアプリを起動してメニューを開き、「アクティベーションコード入力」を選択してください。パソコンの場合は Web ブラウザで https://knoun.jp/activate にアクセスしてください。

② 本書巻末に付属しているシールをはがして、そこに書かれているアクティベーションコードを入力してください（入力から2ヶ月間、無料で使い放題です!）。

③ ノウンのユーザー登録をしていない方は、「ユーザー登録」でユーザー登録してください。

④ ノウンのユーザー ID とパスワードをお持ちの方は、「マイページにログイン」にユーザー ID、パスワードを入力してログインしてください。

⑤ ログインまたはユーザー登録を行うと、コンテンツが表示されます。タブレットまたはスマホの場合は、「学習開始」をタップすると、ノウンのアプリが起動し、コンテンツがダウンロードされます。
　パソコンの場合は「学習開始」をクリックして学習を開始してください。

⑥ 2回目以降は、タブレットまたはスマホの場合はノウンのアプリからご利用ください。パソコンの場合は https://knoun.jp/login からログインしてご利用ください。

無料期間終了後について

　無料ご利用期間が過ぎますと、ドリル開始時に「利用期限が過ぎたためこのコンテンツはご利用できません」というメッセージと、引き続き利用したい学習者向けの案内が表示されます。その画面に表示される「購入」ボタンをタップすると、Android または iOS のアプリ内課金による購入手続きが開始されます。

ノウン アクティベーションコードはコチラ！

先生のための 授業で1番大切な英語発音

　シールは2枚重ねになっています。左からはがしてください。上の1枚をはがすと、16ケタのアクティベーションコードを確認することができます。画面のガイドに従って、入力して下さい。
　シールは一度はがすと元に戻せません。アクティベーションコードは1回のみ利用登録ができます。

※ノウンはNTTアドバンステクノロジ株式会社の登録商標です。
※ノウンに関するお問い合わせは、ノウンアプリメニューの「お問い合わせ」から、
　もしくはノウンの Web ページの「お問い合わせ」からお願いします。